AMV

Jeremy Angel

Das Katzenhaus

im «Reich der Tiere»

Mit 89 farbigen und
116 Schwarzweiß-Abbildungen

Albert Müller Verlag
Rüschlikon-Zürich · Stuttgart · Wien

Abbildungen Seite 10, 76: Chiyoko Angel
Alle übrigen Abbildungen: Jeremy Angel

Aus dem Englischen übersetzt von Dr. Marta Jacober.
Titel des englischen Originals: «Cats' Kingdom». Erschienen bei Souvenir Press, London.
 – ISBN 3-275-00985-0. – 1/5-90. – Printed in Germany.

Inhaltsverzeichnis

1 Geburt eines Königreichs

Ost-Hokkaido, im Norden des japanischen Archipels, ist für die wenigsten Leute eine Gegend, in der sie auf Dauer leben möchten – auch für mich nicht. Der Sommer ist kurz, der Winter lang und bitter kalt, und die Landschaft besteht hauptsächlich aus Schwemmlandebenen, über die sibirische Nordwestwinde oft mit frostiger Gewalt hinwegbrausen. Aber einem jungen Schriftsteller und früheren Zoologen, Masanori Hata, alias Mutsugoro, schien sie ideal. Er hatte 1968 einen Literaturpreis gewonnen und sah sich nach einem Ort um, wo er von Natur und von soviel Tieren umgeben sein konnte, als er zu ernähren vermochte. Ost-Hokkaido war entlegen, enthielt viel unberührtes Land und war dünn besiedelt von Bauern, Pferdezüchtern, Waldbewohnern, Fischern und Seetangsammlern – Leuten, die eng mit der Erde verbunden waren und in ihrem Rhythmus lebten, wie er selbst es auch tun wollte. Land gab es genug, und für japanische Verhältnisse war es sehr billig. 1969, als Masanori Hata vierunddreißig Jahre alt war, zog er mit Frau und Tochter aus Tokio in diese Region und blieb bis heute.
Zuerst ließ er sich auf einer winzigen, unbewohnten Insel nieder, unweit der pazifischen Küste, und weniger als drei Quadratkilometer groß. Mit seiner Familie, einem Hund und einem jungen Braunbären bezog er eine Hütte. Nach einem Jahr mußte er etwas Größeres suchen. Donbe, der Bär, war zu groß geworden, um noch frei umherlaufen zu dürfen, und andere Tiere waren zur Familie gestoßen: vier Hunde, zwei Katzen, drei Hokkaido-Ponys und zwei zahme Krähen. Er pachtete und umzäunte acht Hektar Land an der Küste, nahe bei der Insel, und nannte das Ganze «Mutsugoros Königreich der Tiere». Das war etwas hoch gegriffen für die malerische Anhäufung von Weiden, Umzäunungen, Verschlägen und Ställen, in denen er seine Privatmenagerie unterbrachte – aber der Name entsprach genau seiner Vorstellung: Eine Zuflucht, wo er und von ihm gewählte Leute ein verhältnismäßig freies, wenn auch hartes Dasein führen konnten in Gesellschaft von Tieren, die man kennenlernen und dabei etwas über sich selbst lernen konnte.
Im Lauf der Jahre wurden ihm zahlreiche Tiere zur Pflege und in Obhut gegeben; viele blieben bei ihm, und die Menagerie wuchs, eine Mischung aus Haus- und Wildtieren. Jedes neue Tier, seine Geschichte, seine Entwicklung, seine Beziehung zu anderen Tieren und zu den Menschen lieferte Mutsu-san (wie ihn jedermann im Königreich nannte) Stoff für den nicht abreißenden Strom von Büchern, der aus seiner schreibfreudigen Feder floß. Die Tantiemen deckten knapp die Unkosten, die aus der Haltung so vieler Tiere erwuchsen. Das Königreich war so berühmt geworden, daß Mutsu-san sich das Leben sehr hätte erleichtern können, wenn er es dem Publikum zugänglich gemacht hätte. Tausende wären in diese entlegene Einöde gepilgert, um einen Blick auf die Tiere zu werfen, die in seinen Büchern verewigt waren. Aber er lehnte alle Vorschläge in diese Richtung beharrlich ab; er fand, das Königreich würde durch eine solche Maßnahme seine Einzigartigkeit und er selbst eine Menge Freiheit verlieren.

Natürlich brauchte er zur Führung des Unternehmens und zur Betreuung der Tiere Hilfe. Schon bald stießen sein Bruder Hige, ein Fotograf, und dessen Frau zu ihm. In den folgenden Jahren warb er eine Reihe junger Leute aus seiner Leserschaft an, von denen er den Eindruck hatte, sie könnten dem Königreich gut tun und würden ihrerseits profitieren. Viele gingen nach wenigen Tagen oder Wochen wieder, da ihnen die Aufgabe zu schwer war. Wer blieb, ging vielleicht nach einem oder zwei Jahren, um das Berufsleben wieder aufzunehmen. Manche blieben noch länger, und zwei haben geheiratet und leben seit dreizehn Jahren dort.

Von Mutsu-san und seinem Wirken hörte ich zum erstenmal 1976, als ich in Hongkong war. Ein japanischer Bewunderer erzählte mir von ihm. Ich war unverheiratet, sorgenlos und ohne Verantwortungen, ich hatte eine Arbeit, für die ich weder eine Begabung noch Begeisterung zeigte, und ich suchte nach Veränderung. In England war ich auf dem Land aufgewachsen, meine Kindheitsgefährten waren zwei Brüder, Hunde und Katzen gewesen, und ich liebte die Natur und Tiere.

Ich liebte es auch, Landkarten zu studieren, vielleicht ein Resultat meiner frühesten Kindheit mit meinem Vater, einem reisenden Bauingenieur. Ehe die Familie endgültig nach England kam, hatte ich zwei Jahre meines Lebens in Indien und zwei weitere in Kanada verbracht und meine Fußspuren auf anderen Gebieten Nordamerikas, Asiens und Europas hinterlassen – Reisen, die zweifellos in mir eine Faszination für ferne Länder und exotische Völker geweckt hatten. Aufgrund des Berichts meines Freundes über Mutsugoros Königreich der Tiere, wie es in dessen Büchern beschrieben war, wurde mir klar, daß sich hier die Gelegenheit bot, allen meinen Leidenschaften zu frönen. Als Engländer konnte man kaum ein ferneres Ziel finden als Hokkaido, und soviel ich verstand, war Mutsusan schon an sich eine recht exotische Persönlichkeit. Dann gab es da noch Tiere, und die Karte zeigte weitläufige Bergketten, Ebenen und verlassene Küsten – fernab von Lärm, Gestank und Feuchtigkeit eines Hongkong, das der Klaustrophobie nur förderlich war. Die ausgezeichnete kantonesische Küche und der Mangel an Bewegung hatten mich dick werden lassen; Hokkaido und das Königreich der Tiere versprachen reine Luft, körperliche Arbeit und Anregung.

Ich bat meinen Freund um ein Empfehlungsschreiben an Mutsu-san; selbstgefällig wie ich war, glaubte ich ihm irgendwie nützlich sein zu können. Viel Hoffnung bestand nicht, aber ich hatte ja nichts zu verlieren. Als der Brief weg war, dachte ich überhaupt nicht mehr daran und war äußerst überrascht, als vierzehn Tage später die Antwort eintraf: Ich solle kommen, wann immer ich wolle, bleiben, solange ich wolle, und ich möge – in aller Bescheidenheit – wenig erwarten. Während ich kaum an mein Glück zu glauben wagte, schien es wiederum völlig richtig, daß ich nach all meinen fruchtlosen Versuchen mit gewöhnlicher Arbeit nun meinen Retter in Gestalt eines kleinen literarischen Genies – so hatte ihn mein Freund beschrieben – finden sollte, der sich mitten im Nichts auf der anderen Seite der Welt vergraben hatte.

Im Juli jenes Jahres, nach einer dreiwöchigen Rundreise durch China (dem einzigen Nutzen, den ich aus meinem Aufenthalt in Hongkong zog), bestieg ich ein Flugzeug nach Tokio und wandte mich dort sofort nordwärts, aber in gemächlichem Tempo mit Lokalbahnen, Autobussen und als Autostopper, um einen ersten Eindruck von Land und Leuten zu bekommen. Mein Gepäck enthielt zwan-

Der Veteran des Königreichs Ishikawa-san mit einem verwaisten Seehundjungen.

zig Jahre alte japanische Lehrbücher der amerikanischen Armee, ein Paar Stiefel Größe 12, die ich in Peking gekauft hatte (kaum erhältlich in Japan, wo die Menschen beim Anblick so großer Füße wie der meinigen erbleichen) und eine dick gefütterte Mao-Jacke, die es mir ermöglichen sollte, den kalten Winter in Hokkaido zu überstehen, falls es mir dort so gefallen würde, daß ich blieb.
Obschon sich das Leben im Königreich als nicht leicht herausstellte, und obschon ich mich manchmal mit Mutsu-san stritt, mochte ich den Ort, den Mann und seine menschliche und tierische Familie so sehr, daß ich nicht einen, sondern sieben Winter dort verbrachte. In dieser Zeit lernte ich, ordentlich Japanisch zu sprechen und zu lesen, ja sogar zu schreiben, so daß ich die japanische Version dieses Buches fast allein aufzeichnen konnte. Mit Hige als Lehrer entdeckte ich auch die Freuden und Leiden der Fotografie, einer Kunst, die ich als genau so anspruchsvoll empfinde wie das Schreiben, nur viel vergnüglicher. Ich verbrachte unendlich viele schöne Stunden mit Tieren, spielte mit ihnen, schlief bei ihnen, ritt auf ihnen, fütterte sie, half ihnen bei Beschwerden oder Verletzungen, oder beobachtete sie ganz einfach. Sie halfen mir, die an der Universität erworbenen zoologischen Kenntnisse aufzufrischen, aber sie taten noch viel mehr. Der tägliche enge

Kontakt mit ihnen ließ mich die «Magie» – ich finde kein besseres Wort – der Tiere erfahren. Bevor ich ins Königreich kam, hatte ich ganz zufrieden ohne Tiere, sogar ohne Hund oder Katze, gelebt. Jetzt bin ich in ähnlicher Lage, aber nach sieben Jahren im Königreich der Tiere ist ein Leben ohne sie nicht annähernd so erträglich, und ich lebe und arbeite auf den Tag hin, da ich wieder mit einem Hund an der Seite übers Land gehen und mit einer Katze im Schoß vor mich hindösen kann.

Als ich das Japanische genügend beherrschte und das Fotografieren gelernt hatte, konnte ich mich Mutsu-san nützlich machen. Als sein Fotograf, Übersetzer und Gesellschafter bereiste ich mit ihm Australien, Europa, Sri Lanka und Südafrika und erlebte dabei die eindrücklichsten Abenteuer meines bisherigen Lebens. Und ich verliebte mich in Chiyoko, der die Hunde des Königreichs anvertraut waren, und heiratete sie 1980. (Sie hatte mehr Schwierigkeiten als ich gehabt, ins Königreich zu kommen. Zweimal wurde ihr abgesagt, dann schilderte sie Mutsu-san in einem Brief ihr Leben auf einer Rinderfarm, und ihren Bericht, wie sie beim Waschen der Hinterteile von Kühen Schlüsse auf deren individuellen Charakter zog, fand Mutsu-san so lustig, daß er sie einlud, zu ihm zu kommen.)

Was mich jedoch im Königreich am meisten beschäftigte, war das Katzenhaus.

Nach sieben Jahren im Königreich kann ein Leben ohne Tiere nicht mehr erträglich sein.

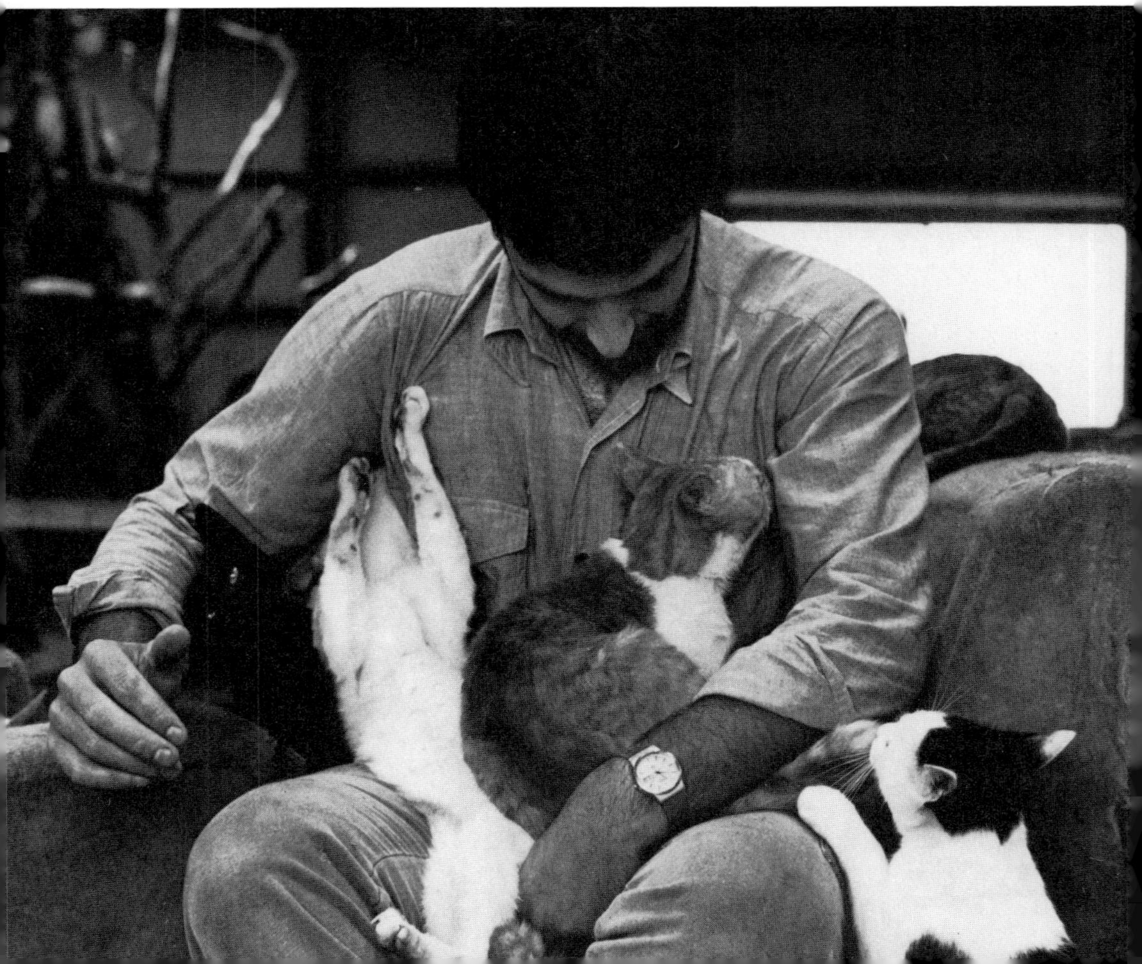

Die Idee, für die Katzen ein eigenes Haus zu schaffen, kam erstmals an einem Abend im Juni 1978 auf, als wir alle um den langen Eßtisch saßen und die erste Stabssitzung abhielten, seitdem Mutsu-san und ich aus Sri Lanka zurückgekommen waren. Wir waren mehr als drei Monate abwesend gewesen, da wir für ein Buch über Arbeitselefanten recherchierten; wir hatten also viel zu erzählen und vielen Berichten zuzuhören, und so war es ziemlich spät, als Mutsu-san das Thema anschnitt.

«Mir scheint, die Katzen waren während meiner Abwesenheit so fleißig wie eh und je», sagte er und blickte über den Tisch hinweg zum anderen Ende des Raumes, wo sechs dieser Tiere die seltene Gelegenheit ausnützten, das Sofa zu belegen. «Wieviele haben wir jetzt, Hiroko?»

Hiroko, das Mädchen, das damals die Katzen pflegte und fütterte, blickte zur Decke und zählte an den Fingern ab. «Dreiunddreißig», sagte sie schließlich.

Ja, dreiunddreißig Katzen. Etwa ein Dutzend waren Zugezogene, sie waren entweder vor dem Tor des Königreichs ausgesetzt worden oder von Freunden und Nachbarn gebracht worden, denen man nicht nein sagen konnte. Die anderen waren natürlich die Jungen dieser Katzen, und die Jungen dieser Jungen. Als die Anzahl der erwachsenen Katzen noch klein war, fanden wir für die meisten Kätzchen ein Heim, aber allmählich überstieg die Produktion die Nachfrage, und plötzlich, innerhalb eines einzigen Frühlings, schien es uns, als seien wir von Katzen überschwemmt. Allein durch ihre Zahl machten sie das Haus – besonders das Fernsehzimmer, in dem sie sich am liebsten aufhielten – zu einer kätzischen Version des Hitchcock-Films «Die Vögel».

Im Fernsehzimmer herrschte Mo, ein großer blauer Kater mit Stummelschwanz und, obwohl erst sechsjährig, ältester im Haus, über einen Harem von Katzen und deren Nachwuchs, im ganzen sechzehn Tiere. Mo behandelte seine Damen wie ein vollendeter Gentleman und erhob fast nie eine Pfote gegen die Jungen, die gern rauhe Spiele mit ihm trieben. Rivalen jedoch ertrug er nur schwer. Sobald einer seiner männlichen Nachkommen alt und groß genug war, um seine Herrschaft zu gefährden, machte er ihm so beharrlich und boshaft das Leben schwer, daß wir den Sohn aus seiner Reichweite entfernen mußten. Waru hatte gehen müssen, dann Sabu, Nibu und Panda, und wie es aussah, war die Reihe jetzt an Kenjiro. Armer Kenjiro! Einen rührenderen jungen Kater zu finden, wäre schwierig gewesen. Er dachte nicht im mindesten daran, den Thron seines Vaters zu erobern, und doch war er nun seit Tagen das Angriffsziel seines Vaters. Meist saß er jetzt auf dem Schrank in der Zimmerecke und starrte angsterfüllt auf Mo. Er schlief dort, aß dort und benutzte sogar eine Ecke als Toilette – und jede Katze, die so etwas an ihrem Schlafplatz macht, ist ein äußerst verzweifeltes Geschöpf.

Derart verstoßenen Katzen bot das Wohnzimmer Zuflucht. Zu jener Zeit lebten dort die Jungkater Sabu, Nibu und Panda. Auch Waru, der kampflustigste Sohn Mos, war ein Weilchen dort gewesen, aber da er entschlossen war, seine Ausstoßung aus dem Fernsehzimmer dadurch auszugleichen, daß er sich zum Wohnzimmerdiktator aufschwang, und den anderen Katzen das Leben schwermachte, hatte ihn Chiyoko in ihrem eigenen Zimmer untergebracht, zusammen mit zwei kleinen Kätzchen, die ihm Gesellschaft leisteten und dabei – so hoffte sie – etwas Toleranz beibringen würden.

Eine seltene Gelegenheit: allein auf dem Sofa.

Im Wohnzimmer lebte ferner unser aller Lieblingskatze Tobo, eine Siamesin, die dem Tode nahegewesen war, als sie auf einer Nebenstraße hinter dem Königreich aufgelesen wurde. Das halbe Dutzend, das an diesem Abend anwesend war, wurde durch zwei Kätzchen vollgemacht, die wir einfach deshalb dort hielten, weil sie uns so viel Spaß machten.

Die Treppen, der obere Treppenabsatz und der Gang gehörten den übrigen, vier Katern und vier Katzen, die erstaunlich gut miteinander auskamen. Aber Schlaf war für die Leute, die im ersten Stock wohnten, nicht immer leicht zu finden, da die acht Katzen zu jeder Tages- und Nachtzeit den Gang hinauf- und hinabrasten, wann immer sie spielen wollten. Mutsu-sans Mutter, Großmutter Tokie, fand die Verhältnisse zunehmend unerträglicher. Sie war die einzige Person im Haus, die Katzen nicht leiden konnte, und hielt eigentlich erstaunlich lange durch. Dennoch wurden die Katzen im oberen Stock mehr und mehr das Opfer schmerzhafter Schläge, die sie bei ihren häufigen Gängen auf die Toilette mit der Fliegenklatsche austeilte. Der Lärm, der dabei entstand, weckte mit Sicherheit jedermann, der von den Katzen selbst nicht gestört worden war.

Ich muß zugeben, daß ich, als ich 1976 ins Königreich kam, überrascht und enttäuscht war, daß die Hunde nicht ins Haus durften und die Katzen nicht hinaus. Was die Hunde anging, sah ich ja ein, daß mehr als zwanzig zum Teil große Hunde in einem bereits übervölkerten Haushalt keinen Platz hatten. Ihnen fehlte es auch nicht an Gesellschaft, sie hatten in Zwingern und Ställen Obdach und schienen ihre Freiheit zu genießen. Aber warum erfreuten sich die Katzen – damals etwa zehn – nicht der gleichen Freiheit? Ich meine, glücklich kann eine

Katze nur sein, wenn sie frei ist, wenn sie nach Belieben umherstreifen, Bäume erklettern oder lautlos durchs Gras schleichen, Mäuse und Ratten jagen, sich auf Dächern sonnen und die Einsamkeit suchen kann, die ihre Natur verlangt.
Der Anblick unserer Katzen, wie sie zum Fenster hinausschauten, manchmal nachdenklich und dann wieder sehnsüchtig einem Spatz oder einem Nachtfalter nachblickend, stimmte mich jeweils traurig.
Sobald ich mich verständigen konnte, fragte ich nach dem Grund dieser unseligen Situation und bekam die Geschichte von Ma zu hören, dem Siamkater und Gründer des Katzenvolks im Königreich. Er hatte kommen und gehen dürfen, wie es ihm beliebte, und hatte seine Freiheit benutzt, um allen Weibchen der Gegend den Hof zu machen. Mo sei sein Sohn, erklärte der Fischer, der ihn als Kätzchen ins Königreich brachte. Aber Mas Leben als Don Juan der Gegend endete abrupt, als ihn einer der jüngeren Hunde erlegte. Von jenem Tag an wurden alle Katzen des Königreichs ins Haus verbannt.
Diese traurige Geschichte verstärkte meine Betroffenheit, denn sie zeigte nur, daß man sich bei der Aufzucht der Hunde zu wenig Gedanken gemacht hatte. Fast jeder junge Hund, der mit einer Katze aufwächst, nimmt sie als Freundin an oder lernt wenigstens ihre scharfen Krallen und Zähne ein Leben lang zu respektieren. Hätte man im Königreich versucht, Welpen in diesem Sinn zu erziehen, so wäre die Trennung unnötig gewesen.
Aber der Schaden war nun mal geschehen, und die Katzen mußten in den zunehmend überfüllten Räumen des Haupthauses wohnen, wo sie auch den Menschen lästig wurden.
«Was, dreiunddreißig Katzen? Das sind ganz schön viele», grübelte Mutsu-san an jenem Abend. «Nun ja, je mehr es sind, desto mehr können sie uns beibringen, nicht nur über sich selbst, sondern auch über uns und über Tiere im allgemeinen.»
«Schön und gut, aber du brauchst nicht jeden Tag sauberzumachen», klagte Mutsu-sans Frau, die jedermann Obachan oder Tantchen nannte. «Und wenn es schon für uns hart ist, so ist es noch viel härter für die Katzen. Lassen wir sie doch operieren, zu unser aller Wohl, damit es wenigstens nicht noch mehr werden.»
«Kommt nicht in Frage!» antwortete Mutsu-san. «Das ganze Potential verschwenden? Je mehr, desto lustiger, ist meine Meinung.»
«Dann müssen wir ausziehen und das Haus den Katzen überlassen», erklärte seine Frau. «Denn darauf läuft es hinaus, wenn wir nicht rasch etwas unternehmen.»
«Aber nein. Ich schlage vor, daß wir für die Katzen ein eigenes Haus schaffen. Laßt mich erklären, wie ich mir das vorstelle.»
Oberhalb der Zufahrt zum Königreich standen in einer Reihe vier große Wellblechschuppen, die Mutsu-san hatte bauen lassen, als er gerade etwas Geld hatte. Jeder umfaßte 320 Quadratmeter, hatte einen Betonboden und Fenster. Die ersten zwei waren in Gehege unterteilt, in denen nachts die Ziegen und Schafe untergebracht wurden, und die auch Füchse beherbergten oder kranke Tiere; es gab sogar ein Schwimmbecken für Seehundwaisen (es wurden uns jährlich deren zwei oder drei gebracht, damit wir sie pflegten, bis sie groß genug waren, ins Meer zurückzukehren). Aber in den beiden anderen Schuppen wurden lediglich

alte Möbel, Maschinen und sonstiger Kram aufbewahrt, der sich über die Jahre angehäuft hatte.
Mutsu-san schlug vor, diese beiden Schuppen zu einem einzigen, riesigen Katzenhaus umzubauen. Man würde sie durch eine Passage verbinden, Türen und Fenster katzensicher machen, alte Möbel, Reifen und Baumstämme hineinstellen, Laufstege errichten, Schlafkistchen vorbereiten undsoweiter. Dann würde man alle Katzen dort freilassen. Er schätzte, daß in den zusammengebauten Schuppen leicht hundert, vielleicht gar hundertfünfzig Katzen Platz und selbst dann noch ein Vielfaches des Raums zu ihrer Verfügung haben würden, den sie jetzt im Wohnhaus hatten. Sie würden umherstreifen und spielen können, sich lieben und miteinander kämpfen; und sie würden sich gegenseitig beeinflussen in einem Maß, das gegenwärtig nicht möglich war.
«Natürlich werden zuerst die Kater, und vermutlich auch die Katzen, miteinander kämpfen. Es mag sogar Tote geben – das werden wir sehen. Aber ich glaube, gewalttätig wird es nur in den ersten paar Tagen zugehen. Obschon soviel Raum zur Verfügung steht, ist er doch geschlossen. Die Kater müssen sich miteinander arrangieren, und dieses Verhalten interessiert mich.
Man hält Katzen im allgemeinen für asoziale Geschöpfe. Ich weiß, sie sind keine Herdentiere wie Hunde oder Löwen oder Schafe oder Ameisen. Aber ich lebe nun schon seit Jahren mit Katzen zusammen und ich glaube, sie sind viel geselliger, als man gemeinhin annimmt. Und doch weiß man sehr wenig über ihr Sozialverhalten. In diesen Schuppen werden sich die Katzen sozialisieren müssen bis an die Grenzen ihrer Fähigkeit, und wir werden eine ideale Gelegenheit haben, zu beobachten, wie weit diese Fähigkeit des Zusammenlebens geht und wie sie diese Koexistenz bewerkstelligen.»

Nach Einrichtung des Katzenhauses brachten wir regelmäßig junge Welpen zu den Katzen. Diese zwei werden ihr Leben lang einen heiligen Respekt vor Katzen haben.

Katzen leben viel geselliger, als man glaubt.

So entstand das Katzenhaus. Es war klar, daß derjenige das Projekt verwirklichen sollte, der dazu Lust hatte, und ich meldete mich. Ich war ebenso neugierig wie Mutsu-san, was geschehen würde, wenn wir die Katzen in den Schuppen sich selbst überließen. Katzen hatten mich von Kind an fasziniert, und sie waren eine Herausforderung für den Fotografen in mir. Mir lag aber auch das Wohlergehen der Katzen am Herzen. Ich sah voraus, daß Mutsu-sans Projekt alle möglichen Schwierigkeiten mit sich bringen würde. Schon in zwei, drei Jahren würde sich wieder die Frage der Übervölkerung stellen; die Katzen würden sich zusehends weiter vermehren, und die Schuppen konnten also keine endgültige Lösung sein. Außerdem waren die Katzen wiederum drinnen und nicht draußen, wo ich sie gern gesehen hätte. Aber ich konnte nicht länger zusehen, wie sie auf ein paar Quadratmetern zusammengepfercht leben mußten. Die Schuppen boten ihnen mehrere hundert Quadratmeter, sie würden dort auf jeden Fall glücklicher sein. Deswegen, und nicht nur wegen der wissenschaftlichen Beobachtung oder meines fotografischen Ehrgeizes, beschloß ich, als Mutsu-san seinen Plan vorlegte, die Einrichtung des Katzenhauses zu meiner Angelegenheit zu machen.

2 Ein Start mit Furore

Am 1. September 1978 wurde das Katzenhaus eingeweiht. Im Laufe des Morgens brachten Chiyoko und ich die Katzen gruppenweise in die Schuppen. Ein Uneingeweihter, der mittags hineinspähte, hätte allerdings kaum geglaubt, daß hier über dreißig Katzen wohnten. Man sah zunächst nur zwei oder drei, die den Wänden entlangschlichen auf der Suche nach einer noch dunkleren Ecke. Das einzige, was sich sonst bewegte, waren die Augen der Katzen, die aus verschiedenen Verstecken die neue Umgebung erforschten. Es herrschte tiefes Schweigen.
Mehr als zwei Monate waren vergangen, seitdem Mutsu-san seine Idee, ein Katzenhaus zu errichten, vorgetragen hatte. Ich hatte mich sofort ans Werk gemacht und die Schuppen in einem Monat hergerichtet, aber dann mußten wir nochmals nach Sri Lanka reisen, und mir blieb nichts übrig, als den Umzug der Katzen bis zu meiner Rückkehr zu verschieben. Mir tat der Aufschub leid, denn ich hatte den Katzen, die an den Luxus einer Zentralheizung gewöhnt waren, soviel Zeit als möglich geben wollen, sich vor Beginn des Winters an ihre neue Umgebung zu gewöhnen. Nun waren die Tage zwar noch warm, aber die Wälder begannen sich schon herbstlich zu färben, und in zwei Monaten würden die Nächte bitter kalt sein. Sollten die Katzen die Möglichkeit haben, sich einen dicken Winterpelz zuzulegen, so zählte jetzt jeder Tag. Deshalb brachten wir sie gleich am Morgen nach meiner Rückkehr aus dem Haupthaus.
Ich wußte, die Katzen würden Zeit brauchen, um ihr neues Quartier schätzen zu lernen, und ihre erste Reaktion entsprach genau meinen Erwartungen. Selbst Katzen, die nicht so beengt leben müssen wie die im Königreich, mögen es ganz und gar nicht, plötzlich in eine fremde Umgebung versetzt zu werden. Natürlich fühlten sich unsere Katzen unsicher. Sie fanden sich plötzlich in einer Welt, die zwar ein Dach hatte, aber weit größer war als ihr früheres Heim und nicht nur von unvertrauten Möbelstücken, sondern auch von unvertrauten Gesichtern erfüllt war. Sie waren wie gelähmt vor Schrecken.
Doch im Laufe des Nachmittags begannen sie, eine um die andere und allen voraus die Jungen, aus ihren Winkeln herauszukommen. Als dächten sie, man trete eine Forschungsreise am besten mit leerer Blase an, begaben sich die meisten als erstes zu den nigelnagelneuen Sägemehlkisten, die in allen Ecken standen. Ich hatte sogar den Eindruck, prallgefüllte Blasen hätten sie aus ihren Verstecken gelockt, weit mehr als Neugierde. Erwachsene Katzen, selbst wenn sie früher miteinander gespielt und geschlafen hatten, waren auf diesen ersten Pirschgängen bemüht, einander zu vermeiden, aber auf den schmalen hohen Stegen und an blinden Ecken waren Begegnungen unvermeidlich, und die Stille der ersten Stunden wurde immer mehr vom Geheul und Geknurre da und dort aufflammender Streitigkeiten durchbrochen. An diesem ersten Tag waren sie aber nicht sehr heftig, man wagte in der unvertrauten Umgebung noch nicht, sich in wirkliche Kämpfe einzulassen.

Am nächsten Tag hatte sich die Stimmung stark verändert. Als ich das Haus am frühen Morgen betrat, kamen mehrere Junge, darunter Marshmallow, Kenbo, Mambo und Ichibu aus dem entfernteren Schuppen herbeigesprungen. Schwänze – falls vorhanden (die meisten japanischen Katzen haben Stummel von verschiedenster Form und Größe, wobei die längeren manchmal am Ende fischhakenförmig umgeknickt oder wie Zapfenzieher verdreht sind) – Schwänze also wurden zur Begrüßung steil aufgerichtet getragen. Aber sie hatten Wichtigeres zu tun, als um meine Füße zu streichen, und jagten gleich wieder spielend durch das Haus. Ich war überrascht, wie sicher sie schon auf den hohen Laufstegen herumsprangen, und ihre offensichtliche Freude an den Abenteuern, die ihnen jetzt in großem Raum möglich waren, erfüllte mich mit Genugtuung: Meine Arbeit war nicht umsonst gewesen.
Die Erwachsenen waren, wie erwartet, noch nicht bereit, an solchen Späßen teilzunehmen. Ein paar schüchterne Katzen, wie das Weibchen Chibi und der Jungkater Kenjiro, klebten immer noch auf den eher unbequemen Hochsitzen, die sie am Vorabend erklommen hatten. Mir schien, sie hätten sich die ganze Nacht nicht von der Stelle bewegt. Die Mehrzahl der Erwachsenen war jedoch zum Schluß gekommen, das Katzenhaus berge keine Gefahren, und bewegte sich freier als am Vortag. Die Weibchen waren im allgemeinen friedlich, aber zwi-

Das Geheul und Geknurre aufflammender Streitigkeiten.

schen den großen Katern, Mo, Waru, Ee, Ganko und Sabu, entbrannten vom frühen Morgen an wahre Feuerwerke, und auch jüngere Kater wie Nibu, Panda und Sha stritten sich. Obschon sie keine Kampferfahrung hatten, spürten sie offenbar, daß die Zeit der Abrechnung gekommen war. Während der nächsten drei Tage gab es kaum einen Augenblick, da nicht mindestens zwei Kater in einer Auseinandersetzung begriffen waren. Nachts im Haupthaus, hundert Meter weit entfernt, konnten wir selbst bei geschlossenen Fenstern das Geheul der Katzen hören. Meist kämpften die Kater miteinander, aber manchmal erwischten sie aus Versehen auch ein Weibchen. Unter natürlichen Bedingungen sind zwischengeschlechtliche Balgereien bei Katzen so rar wie bei Hunden; daß sie im Katzenhaus in der ersten chaotischen Zeit so häufig vorkamen, unterstreicht die allgemeine Angst und Spannung.

Die dramatischste Begebenheit des zweiten Tages war ein solcher Kampf zwischen einem Männchen und einem Weibchen, besonders erschütternd durch die Tatsache, daß das Weibchen, Aya, die Mutter des Angreifers, Sabu, war. Aya schoß plötzlich aus dem entfernteren Schuppen herüber, Sabu hart auf den Fersen. Genau vor mir, nahe einem alten Fauteuil, warf sie sich verzweifelt auf den Rücken, um Sabu, der sie von der Stuhllehne her bedrohte, abzuwehren. Aya, unten, fauchte und knurrte ihn an und ließ in ihrem Schrecken einen Bach Urin fließen. Sabu, der böse zu ihr hinunterstarrte, schien Pes Kätzchen, die mit schreckgeweiteten Augen in einer Ecke des Fauteuils kauerten, überhaupt nicht wahrzunehmen. Chiyoko hatte die Kätzchen samt der Mutter zwei Wochen früher ins Katzenhaus gebracht, um ihnen Zeit für die Umstellung zu geben, aber selbst diese Gnadenfrist hatte sie auf solch dramatische Vorfälle nicht vorbereitet. Zum Glück für Sabu, und zum Pech von Aya, war Pe gerade nicht da, sonst hätte sie Sabu mit einem Sperrfeuer von Krallenhieben bedacht.

Etwa eine halbe Minute lang stand Sabu drohend über Aya, bis er zum Schluß kam, er habe bei einem Angriff nichts zu gewinnen, vom Stuhl sprang und mit noch immer gesträubtem Rückenfell davonstolzierte. Aya schaute ihm nach, bis er verschwunden war, erhob sich dann und suchte einen ruhigen Winkel auf. Lange bevor sie sich genügend sicher fühlte, um sich gründlich zu waschen, hatten die Kätzchen wieder zu spielen begonnen, als wollten sie sich von der Spannung des Konflikts befreien. Die Schnelligkeit, mit der sie von hellem Entsetzen zu ausgelassenem Spiel wechselten, war bemerkenswert. In den folgenden Jahren beeindruckte mich diese Gefühlsakrobatik der Kätzchen immer wieder.

Auch ich stieß einen erleichterten Seufzer aus, als Sabu aufgab. In den nächsten vier Jahren, insbesondere jedoch in den ersten paar Tagen, wurde meine Empfindsamkeit auf eine harte Probe gestellt. Die Idee des Katzenhauses war, daß die Katzen genau das tun konnten, was sie wollten, und ich in der Rolle des unbeteiligten Beobachters blieb. Aber ich hatte das Projekt auch übernommen, weil ich wollte, daß es den Katzen gut gehen sollte; ich war jetzt ihr Wärter und für ihre Gesundheit und ihr Glück verantwortlich. Diese beiden Aspekte mußten manchmal in Widerspruch geraten. Ich begriff jedoch von Anfang an, daß Gefühl und Parteilichkeit weder meinen Interessen noch denen der Katzen dienten. Hätte mein Auge nicht am Bildsucher geklebt, als Sabu Aya bedrohte, wäre ich in starker Versuchung gewesen, Sabu einen Tritt zu geben, um Aya und die schreckerstarrten Kätzchen zu retten. Mir war zwar klar, wie die Katzen litten, aber die

Kamera half mir, das Drama objektiver zu sehen und zu begreifen, daß Sabu ebenso ein Opfer der Umstände (die ich geschaffen hatte) war wie die anderen.
Bei Kämpfen befolgte ich also eine strikte Politik der Nichteinmischung; die Behandlung von Verletzungen war jedoch etwas anderes. Leichte Wunden an Körperstellen, die die Katzen mit der Zunge erreichen konnten, konnten wir ihnen überlassen. Bei Verletzungen an Kopf und Hals, besonders häufig in der ersten Zeit, mußten wir jedoch sorgfältig sein: Wir konnten uns nicht darauf verlassen, daß sich die Katzen gegenseitig pflegen würden, und in der neuen Umgebung, die voller neuer Keime war, fingen unbehandelte Bisse und Kratzer rasch zu eitern an.
Jeden Morgen, nach der Fütterung, untersuchten Chiyoko und ich alle Katzen auf frische Kriegsverletzungen hin und behandelten einen nicht enden wollenden Strom zerfetzter Ohren und zugeschwollener Augen, worüber die betroffenen Tiere sehr empört waren. Bis wir gelernt hatten, einen Kater trotz wütender Gegenwehr festzuhalten, litten wir oft ebensosehr wie unsere Patienten; Zähne- und Krallenspuren an unseren Händen zeugten davon, daß uns wieder einmal einer besiegt hatte. Ein sich wehrender Hund ist jederzeit leichter in den Griff zu bekommen, was sicher jeder Tierarzt bestätigen kann.
Damals schien es, als ob das Melodrama ewig dauern würde, aber nach ein paar Tagen wurde es ruhiger. Die großen Kater sahen alle müde und zerzaust aus. Sie kämpften seltener und nur mit ausgewählten Gegnern, ohne den Schwung, den sie am Anfang gezeigt hatten. Statt kurzer, heftiger Kämpfe mit Zähnen und Krallen beschimpften sie jetzt einander ausdauernd; jeder versuchte, den anderen einzuschüchtern, ohne tätlich zu werden. Immer häufiger sah ich, daß selbst die stärksten Kater darauf bedacht waren, Konflikte mit Schwächeren zu vermeiden. Und als die Feindseligkeiten am stärksten waren, hatte ich beobachten können, daß Katzen, die vorher friedlich zusammengelebt hatten, einander nicht angriffen. Ich sah keinen einzigen Konflikt zwischen Sabu, Nibu und Panda, oder zwischen Ee und Wanchan. Wanchan war als Kätzchen auf den oberen Treppenabsatz gebracht worden und hatte sich, selbst als er sich zu einem kräftigen Jungkater entwickelte, mit Ee gut vertragen. Obschon er vor dem Wechsel ins Katzenhaus keine Kämpfe gekannt hatte, zeigte er dort sehr bald eine Vorliebe für Aggression und nahm es sogar mit Mo und Waru auf, aber zwischen ihm und Ee fiel nie ein böses Wort. Nach zwei Wochen richteten die beiden sogar ihr Lager zusammen ein, auf dem alten Lastwagenanhänger, der im entfernteren Schuppen stand, zusammen mit Warus Schwester Kurokasan, einer schwarzen Katze mit wunderschönen grünen Augen, die ebenfalls auf dem oberen Treppenabsatz gewohnt hatte.
Mo lag häufig eingerollt bei seinen alten Freundinnen, den Schwestern Uko und Aya, oder bei seiner eigenen Schwester May. Sha belegte häufig das Sofa mit seiner Schwester Pe und pflegte deren Kätzchen manchmal ebenso eifrig wie Pe selbst. Das Sofa, wohl der bequemste Ort im Haus, wurde bald der Mittelpunkt des Lebens im Katzenhaus, manchmal waren mehr als zwanzig Katzen darauf. Während der ersten zwei, drei Tage hatten nur wenige zusammen geschlafen, aber am Ende der zweiten Woche verbrachte selten eine Katze die Nacht allein. Bestimmt lagen sie nicht nur aus Freundschaft beisammen, sondern suchten Wärme, doch ergab die tägliche Beobachtung, daß sich zwar zwischen den Katern

neue Rivalitäten entwickelten, aber auch alte Freundschaften wieder auflebten und neue geknüpft wurden.
Auch die Fütterung war viel einfacher geworden. Die Katzen konnten sich jederzeit mit Trockenfutter bedienen, das an verschiedenen Stellen lag, aber den Höhepunkt des Tages stellte die Mahlzeit aus gekochtem Fisch und Reis dar, die sie dem Trockenfutter bei weitem vorzogen. Das Königreich befand sich nahe bei einem kleinen, aber geschäftigen Fischerhafen, Kiritappu («Nebeldorf» – ein sehr zutreffender Name), und wir hatten das Glück, dort laufend von einem Verarbeitungsbetrieb billige Abfälle beziehen zu können. Meist bestanden sie aus Stücken von Kabeljau, in Blöcken von 20 Kilo, je nach Jahreszeit auch aus Makrelen oder Sprotten, die für die japanische Küche zu klein oder zu wenig schön waren. Diese letzteren fütterten wir nur sparsam, um der faden Kabeljau-Kost etwas Schwung zu verleihen, denn Katzen können von einer oft tödlichen Krankheit namens Steatose oder Gelbfettkrankheit befallen werden, wenn sie große Mengen solch fetter Fische erhalten.
Da die Katzen schon früher zu zweit und zu dritt aus einer Schüssel gefressen hatten, taten sie das ohne Zögern auch im Katzenhaus, sobald sie ihre Ängstlichkeit gegenüber der neuen Umgebung und der fremden Gesichter überwunden hatten. Die schüchterneren Katzen bedienten wir zunächst getrennt, indem wir Schüsseln mit Nahrung in die Nähe ihrer Zufluchtsorte stellten. Aber nach etwa zwei Wochen fühlten sich sogar diese Katzen sicher genug, um mit den anderen zu fressen. Und während in den ersten Tagen vor allem die erwachsenen Katzen keine Lust zeigten, einander nach der Mahlzeit zu waschen, bildeten sich jetzt Gruppen von zwei oder drei Tieren, Männchen und Weibchen gemischt, um gemeinsam Körperpflege zu betreiben. Je entspannter die Stimmung wurde und je mehr Bewegung sich die Katzen gestatteten, desto größer wurde ihr Appetit. Sie waren nur eine tägliche Fischmahlzeit gewohnt gewesen, aber am Ende der zweiten Woche verschlangen sie diese mit solchem Heißhunger, daß ich beschloß, die Fischmenge zu verdoppeln und sowohl morgens wie abends zu füttern. Selbst so waren die aufgestellten Dosen mit Trockenfutter am Morgen oft leer. Vor dem Umzug ins Katzenhaus hatte ich die Katzen gewogen. Nach einem Monat wog ich sie wieder und stellte fest, daß die Erwachsenen durchschnittlich ein Pfund zugenommen hatten, die Jungen sogar noch mehr. Trotz dem Trauma des Umzugs und der noch andauernden Spannung und Konfliktsituation waren fast alle Katzen in besserer Form, dem Winter entgegenzusehen, als vor dem Betreten des Katzenhauses.
Nicht weniger Genugtuung wie die Wonne zu sehen, mit der die Katzen morgens und abends ihre Fischmahlzeit wegputzten, bereitete mir der Anblick ihres gemeinsamen Sonnenbades, das sie jeden Morgen auf dem Sims am Ostfenster, das ich dort angebracht hatte, nahmen.
Katzen gehören zu den leidenschaftlichsten Sonnenanbetern, und unsere machten da keine Ausnahme. Sie hatten dieses Sims sofort entdeckt, und sobald die Sonne aufging, versammelten sie sich darauf, um sich zu sonnen, bis wir das Frühstück brachten. Zwar war es die Tageszeit, zu der die Kater am häufigsten kämpften,

Sabu terrorisiert seine eigene Mutter, Aya. Pes Kätzchen schauen entsetzt zu.

Das Sofa wurde bald zum Mittelpunkt des Lebens im Katzenhaus.

aber aus irgendeinem Grund gab es auf diesem Sims nur sehr wenig Gezänk; es schien, als ob die Katzen schweigend übereingekommen wären, dort und dann Frieden zu halten.

Gegen Mittag breitete sich jeweils eine Art Grabesruhe im Katzenhaus aus: Die über dreißig Katzen hielten ihre Siesta. Und das war eine ganz andere Stille als die

Ein befriedigender Anblick: Sonnenbad auf dem Sims des Ostfensters.

furchterfüllte, die am ersten Tag dort geherrscht hatte. Obschon es immer noch Kämpfe zwischen den Katern gab, spürte man so etwas wie Frieden in der Luft. Als Beobachter wünschte ich mir zwar mehr «action», aber als Wärter hatte ich allen Grund, mit der Entwicklung der Dinge zufrieden zu sein.

3 Aufstieg und Untergang eines Tyrannen

18. September 1978, 19.15 Uhr: Waru treibt wieder seine Spielchen. Zuerst verjagte er Sha, der eben Stuhl absetzen wollte, vom Sägemehlkistchen und verfolgte ihn bis zum Eingang des Schuppens. Sha kletterte das Drahtgeflecht hoch bis auf den Vorsprung über der Türe, der nicht zufällig sein liebster Beobachtungsposten und seine Zuflucht war. Waru verfolgte ihn nicht, sondern wanderte in Richtung der Passage zum anderen Schuppen. Unterwegs entdeckte er Kenjiro, der sich sofort unter einen niedrigen Tisch beim Ostfenster duckte. Waru hatte offensichtlich Lust auf Schabernack und versuchte, von oben und von hinten an Kenjiro heranzukommen, aber Kenjiro, die Ohren zurückgelegt und grollend, wechselte fortlaufend seine Stellung, um Waru nicht den Rücken zuzuwenden. Waru umkreiste den Tisch, ebenso tief geduckt wie Kenjiro, um auf dessen Höhe zu sein, dann griff er plötzlich an. Kenjiro sauste auf der anderen Seite des Tisches hervor und floh in panischer Angst, dicht gefolgt von Waru. Beim alten Massagestuhl gab es eine kurze Balgerei, ehe sich Kenjiro unter ein paar Bretter retten konnte. Waru polterte auf den Brettern herum, und Kenjiro jagte, kaum den Boden berührend, unter den Tisch beim Fenster zurück. Jetzt ließ Waru von ihm ab; er sprühte kräftig und verschwand dann in der Passage zum anderen Schuppen. Während des ganzen Zwischenfalls hatte er keinen Laut von sich gegeben. Ich hatte den Eindruck, es habe ihm gewaltigen Spaß gemacht. Kenjiro nicht; er hatte gefaucht, geknurrt und geschrieen. Jetzt wusch er sich gründlich, stets ein Auge zur Passage gewandt für den Fall, daß Waru zurückkam. Sein rechtes Ohr war eingerissen, aber im übrigen hatte ihm der Schreck nicht geschadet. Ein paar Katzen schnupperten beim Tisch herum und berochen Kenjiros Hinterteil, aber es waren Weibchen, und sie ließen ihn in Ruhe.
21. September 1978, 7.30 Uhr: Ganko schlenderte wie gewohnt im hinteren Teil des anderen Schuppens herum, als ihn Waru bemerkte. Er näherte sich langsam und still, und Ganko verschwand unter dem Jeep, ohne etwas zu merken. Er war auf die hintere Achse gestiegen und beroch die Unterseite des Chassis, als Waru sich anschlich. Waru reckte kurz seine Nase zu Gankos Hinterteil. Dann kauerte er nieder, und ich konnte sehen, wie sein Schwanz zuckte. Offensichtlich wollte er Ganko überraschend in den Bauch beißen, aber er zögerte etwas zu lange. Ganko spürte Warus Anwesenheit und drehte sich blitzschnell um, gab ein Grollen von sich und sprang von der Hinterachse. Überrascht machte Waru einen Satz nach rückwärts und stieß mit dem Kopf gegen den Auspuff, was ihn nochmals erschreckte. Dieser Doppelfehler schien sein Selbstvertrauen erschüttert zu haben, denn er wich langsam vor Ganko zurück, der jetzt mit wachsendem Nachdruck knurrte und ihn bedrohte. Waru umrundete den Jeep und versuchte, nochmals an Ganko heranzukommen, doch nach einem weiteren kurzen Austausch von Beschimpfungen ging Waru langsam und steif von dannen, noch im Rückzug bedrohlich dreinschauend, bis er zwischen sich und Ganko eine sichere Distanz geschaffen hatte.

Waru verfolgt den in panischer Angst fliehenden Kenjiro.

Dies sind nur zwei der vielen Vorfälle der ersten Zeit, die ich notierte und in denen Waru die Hauptrolle spielte. Sein Name taucht praktisch auf jeder Seite meiner Notizen auf, ein Zeichen für sein auffälliges Benehmen. Er war allgegenwärtig, machte sich überall zu schaffen und bleibt deswegen nachhaltig in meinem Gedächtnis.

Waru wurde im Sommer 1976 geboren, das Produkt von Mos Werbung um Tobo. Er wuchs im Fernsehzimmer auf, wurde aber im folgenden Sommer, als er und Mo zu kämpfen begannen, ins Wohnzimmer versetzt. Damals begannen wir ihn Waru zu nennen, was «der Böse» bedeutet; überall, wo er war, gab es Schwierigkeiten. Mo war ihm überlegen gewesen, aber im Wohnzimmer rückte er dem alten Kater Brapants (der im Winter 1977 starb) und später im ersten Stock Ee derart auf den Pelz, daß Chiyoko ihn in ihr eigenes Zimmer verbannte und ihm Sha und Pe – damals noch halbwüchsig – anvertraute. Im Sommer darauf, als die Vorbereitungen für das Katzenhaus im Gange waren, trug Pe seine Kinder, und Waru richtete seinen Zorn zunehmend auf Sha. Für Sha war das Katzenhaus die Rettung, denn dort war er nur einer von vielen Katern, die Waru nicht ertrug. In den ersten paar Tagen der allgemeinen Feindseligkeit war Waru neben Mo, Ee, Saba oder Wanchan nicht aufgefallen, aber nach zwei Wochen schien er der einzige Kater, dem das Kriegsspiel noch nicht verleidet war und der immer wieder Unruhe stiftete.

Während des folgenden Monats beobachtete ich die ersten und, wie sich zeigen sollte, letzten Anzeichen eines rudimentären Territorialbewußtseins bei einigen Katern. Ee zum Beispiel hatte eine Zuneigung zum Anhänger im zweiten Schuppen entwickelt, und Ganko liebte den Bereich im hinteren Teil dieses Schuppens. Obschon er Ee oft auf dem Anhänger besuchte, saß Wanchan häufig auf dem

Ee vertreibt Waru von seinem Territorium.

Bau, den ich als «Turm» bezeichnete – er bestand aus vier im Quadrat stehenden, aufrechten Balken, die mit verschiedenen Plattformen und Leitern miteinander verbunden waren. Auch Sha hatte einen Lieblingsplatz, den Vorsprung oberhalb des Eingangs zum ersten Schuppen. Ich nenne diesen territorialen Anspruch rudimentär, weil er vorübergehenden Charakter hatte und weil das Katzenhaus bei weitem nicht groß genug war, um die Errichtung richtiger Territorien zu erlauben. Selbst im Freien lebende Katzen haben keine festen, unveränderlichen Territorien; diese dehnen sich vielmehr wie große Amöben aus und ziehen sich wieder zusammen, je nach Jahres- oder Tageszeit, Anwesenheit von anderen Katzen undsoweiter. Kater beanspruchen weit größere Territorien als Weibchen, und es ist wohl deswegen, daß sie sich oft überschneiden. Ein Übergriff in das Territorium eines anderen bietet nicht immer Anlaß zum Kampf, sondern wird von Katzen, die einander mögen, häufig geduldet. Ein sehr starker Kater kann überdies durch das Territorium eines Schwachen nach Belieben streifen. Aber selbst ein schwacher Kater zeigt eine weit größere Bereitschaft, sich einem Gegner im eigenen Territorium zu stellen, besonders in dessen Zentrum – je weiter weg er sich davon befindet, desto weniger entschieden tritt er auf.

Diese Wechselbeziehung zwischen Kraft und Ort nannte Hediger «relative Hierarchie», im Gegensatz zur «absoluten Hierarchie» mit gleichbleibender Rangordnung, wie man sie oft bei gesellig lebenden Tieren findet und aus der Hackordnung der Hühner kennt. Die von mir erwähnten Kater zeigten zu jener Zeit unmißverständliche Zeichen einer relativen Hierarchie. Ganko zum Beispiel mied Waru gewöhnlich wie die Pest, aber wie ich berichtet habe, bot er Waru unter dem Jeep mit bewundernswerter Festigkeit die Stirn; bezeichnenderweise stand der Jeep dort, wo sich Ganko hauptsächlich bewegte. Bezeichnend war auch Shas Flucht vor Waru auf den Vorsprung über dem Eingang. Trotz prachtvollem Körperbau war Sha noch jung und Katern wie Mo oder Waru nicht gewachsen. Seit der Eröffnung des Katzenhauses hatte er aber eine deutliche Abneigung gegen Panda entwickelt und kämpfte häufig mit ihm. Ich beobachtete damals zweimal, wie Sha auf dem Sofa saß, bemerkte, daß sich Panda auf einem Laufsteg «seinem» Vorsprung näherte, und sich eigens erhob, um hinaufzusteigen und den schwächeren Panda zu verjagen. Wäre ihm Waru bis dort hinauf gefolgt, so bin ich ziemlich sicher, daß Sha sich gestellt hätte. Waru hatte wohl deshalb von ihm abgelassen, weil er einen Kampf so hoch oben und besonders auf einem Laufsteg scheute. Ich hatte ihn schon dreimal mitten in Balgereien von so hohen Plätzen herunterfallen sehen. Aus irdendeinem Grund war das Nervensystem dieses Raufbolds nicht vollkommen in Ordnung; er hatte häufig Unfälle. Irgendwie war es typisch für ihn, daß er, als er Ganko verfolgte, den Kopf am Auspuff des Jeep aufschlug!

Auch Ee und Wanchan zeigten sich auf ihren eigenen Gebieten viel kampflustiger. Zu jener Zeit waren Ee und Waru Todfeinde und kämpften häufig, gewöhnlich auf Warus Betreiben. Die meisten Kater konnten den Anhänger begehen, ohne daß Ee protestierte. Aber obwohl er Waru unterlegen war, zögerte er nie, ihn anzugreifen, wenn er auf oder in die Nähe des Anhängers kam. Ees beharrliche Verteidigung seines Territoriums schien Waru zu ärgern; täglich kam er mehrere Male dort vorbei, stets auf der Suche nach Ee und ganz offensichtlich, um ihn aus der Fassung zu bringen. Mit dem Resultat, daß ich eine ganze Anzahl dramatischer Begegnungen beobachten konnte.

Im Gegensatz zu diesen «territorialen» Katern legten weder Mo noch Waru eine Vorliebe für einen bestimmten Ort an den Tag. Beide stellten sich einem Gegner, wo immer es war, nur erschien Waru bedeutend ehrgeiziger. Er gab den Eindruck, vom Traum einer Vorherrschaft getrieben zu sein. Zweijährig, war er im besten Alter, ein prächtiges, starkes Biest von einem Kater. Was ihm an Grazie fehlte, ersetzte er durch Beharrlichkeit und Schläue. Er liebte es, seine Gegner zu überrumpeln; er schlich sich an, um einen schmerzhaften Biß in Schwanz oder Rumpf zu erteilen, wenn sein unglückliches Opfer schlief oder in der Sägemehlkiste kauerte, mit dem Gesicht zur Wand. Eines Tages erwischte er Mo am Futtergeschirr. Mo schrie so laut auf, daß sich alle Katzen auf die Dachbalken retteten. In Sekundenschnelle war keine Katze mehr am Boden, nur Waru stand noch dort, verwirrt durch diesen Aufruhr.

Er zögerte auch nie, sich in die Streitigkeiten anderer Katzen einzumischen. Einmal balgte sich Mo mit Sabu in einem alten, von der Decke hängenden Sattel; Sabu glitt aus und krallte sich am Sattelfutter fest, sein Körper hing etwa einen halben Meter über dem Boden. Kein anderer als unser berühmter Kampfhahn ging in diesem Augenblick vorbei. Es war eine goldene Gelegenheit für Waru, der mit absoluter Gelassenheit anhielt, sich auf die Hinterbeine erhob und seine Zähne in Sabus Rumpf grub. Der arme Sabu schrie, fiel zu Boden, raufte kurz mit Waru und floh. Waru schaute ihm nach und ging dann weiter, als sei nichts passiert.

Kein Wunder also, daß Waru für die meisten Katzen gleichbedeutend mit Unannehmlichkeiten war. Selbst die Weibchen, die er nie angriff, beobachteten sein

Waru schleicht sich an den ahnungslosen Wanchan heran und beißt ihn in den Rumpf.

Kommen und Gehen nervös und schlugen gelegentlich mit den Krallen nach ihm. Im allgemeinen wurde das Katzenhaus täglich friedlicher, nur Waru sorgte für Betrieb und Unruhe. Ende September war Mo der einzige, der ihm die Stirn zu bieten wagte, und Waru richtete seinen Groll immer mehr gegen Mo. Bei diesen Katern gelang es mir nicht, unbeteiligt zu bleiben. Warus Kraft, Energie und Zielstrebigkeit beeindruckten mich sehr, und seine Tricks und gelegentlichen Reinfälle amüsierten mich. Ich war auch dankbar für das Leben, das er ins Katzenhaus brachte. Aber Mo wollte ich nicht unter Warus Tyrannei leiden sehen. Sechsjährig, war er noch lange nicht alt, aber doch der älteste Kater im Königreich. Zwar war er im Fernsehzimmer unumstrittener Meister gewesen, aber ich hatte mir Sorgen gemacht, wie es ihm im Katzenhaus unter so vielen jungen Rivalen ergehen würde. Je älter ein Tier ist, desto schwerer fällt ihm gewöhnlich die Umstellung bei einer veränderten Umgebung. Es zeigte sich jedoch bald, daß Mo den jungen Emporkömmlingen, selbst Waru, gewachsen war. Und obwohl er seine Gegner mit vollendetem Selbstvertrauen und Autorität besiegte, so besaß er doch nicht die Bosheit Warus und war auch nicht der Despot, als der er manchmal im Fernsehzimmer erschienen war.

Als der zweite Monat des Katzenhauses anbrach, machte Waru mit seinen ständigen Herausforderungen Mo zu schaffen, aber ich war sicher, daß Mo die Oberhand behalten würde. Aber am Morgen des 17. Oktobers bot sich mir zum erstenmal der traurige Anblick eines fliehenden Mo, mit Waru auf den Fersen. Am Eingang zur Passage zwischen den beiden Schuppen blieb Mo stehen, um

Bis Ende September schien nur noch Mo Waru die Stirn bieten zu können.

Unten: Mo duckt sich vor dem siegreichen Waru.

sich zu verteidigen, aber er nahm nicht mehr die Haltung eines Gleichberechtigten ein. Er duckte sich und grollte – es war kein drohendes, eher ein furchtsames Grollen – und Waru schaute auf ihn hinunter. Mo sah aus, als sei er gründlich besiegt. Waru, im Gegensatz dazu, gab sich als selbstbewußter Sieger. Er gab keinen Laut von sich, seine Ohren waren steil nach oben und hinten gerichtet, nicht flach angedrückt wie diejenigen von Mo. Es gab kein Anzeichen dafür, daß es zu Tätlichkeiten gekommen war; Waru stand etwa eine halbe Minute über Mo und ließ ihn dann in Ruhe, aber er hatte deutlich gemacht, wer jetzt der Höchste war. Endlich hatte er seinen letzten und stärksten Gegner besiegt, aber ich war nicht in der Stimmung, ihm zu gratulieren.

Das Sprichwort, daß, wer hoch steigt, tief fallen wird, gilt zum Glück für Despoten ebenso wie für die meisten Dinge auf Erden. Warus Untergang vollzog sich nicht plötzlich. Es ist schwer zu sagen, wann er anfing, aber ich glaube, die außerordentlichen Ereignisse in der Nacht vom 4. Dezember 1978 spielten dabei eine Rolle. In jener Nacht wurde das Weibchen Wan Two, eine Schwester Wanchans, plötzlich und unerwartet rollig. Katzen, die in der nördlichen Hemisphäre, weit entfernt von Äquator, leben, sollten eigentlich frühestens zwei Wochen nach der Wintersonnenwende rollig werden, denn man glaubt, daß das Längerwerden der Tage die entsprechenden Hormone steuert: Ich nehme an, Wan Two war die Ausnahme, die die Regel bestätigt. Den ganzen Tag über war ihr eine Horde von Katern, bestehend aus Mo, Ee, Wanchan, Sabu, Nibu und Panda nachgestrichen, doch hatte sie alle Annäherungsversuche bis zum Abend zurückgewiesen. Da dies das erste wirklich sexuelle Ereignis im Katzenhaus war, blieben Chiyoko und ich auf, um das Geschehen zu beobachten. Wir waren so vertieft, daß wir kaum merkten, wie die Zeit verging. Zwei Dinge überraschten uns: erstens die Tatsache, daß unter Wan Twos Bewerbern keine Auseinandersetzungen stattfanden, und zweitens, daß Waru durch Abwesenheit glänzte. In unserer Unwissenheit hatten wir geglaubt, der stärkste Kater würde jede empfängnisbereite Katze für sich beanspruchen, und dies würde erst recht der Fall sein bei einem so intoleranten wie Waru.

Doch Waru zeigte sich erst gegen Mitternacht, als die Romanze bereits in vollem Gang war. Ee war auf Wan Two, als Waru ankam, und die übrigen Kater saßen im Kreis um sie herum. Sie schauten der Vorstellung so gebannt zu, daß sie offenbar Waru nicht bemerkten, der sich hinter Ee und Wan Two heranstahl. Sein Ausdruck war der eines bloß milde Interessierten, als er Ees Hinterteil beroch. Aber dann, ohne jede Vorwarnung, führte er seinen liebsten Trick aus, biß kräftig in eine Falte von Ees Körper und machte dazu noch von seinen Krallen Gebrauch. Nichts hätte Warus Freude an Boshaftigkeiten und seine totale Verachtung gegenüber fairen Verhaltens besser demonstrieren können. Als empfänden sie dasselbe, wandten sich diejenigen Kater, die nicht das Weite gesucht hatten, einhellig gegen Waru. Man wird mich des Anthropomorphismus zeihen, aber ihr Ausdruck und der Klang ihrer Stimmen sprachen von einer gerechten Entrüstung, wie nur die schwerste Beleidigung sie hervorrufen kann. Jedenfalls zeigten Ee und Nibu, die Waru am heftigsten bedrohten, ein Ausmaß an Mut, das ihnen bei früheren Auseinandersetzungen mit Waru stets gefehlt hatte. Die Reaktion des jungen Nibu überraschte uns besonders: Er, der Waru nie gewachsen gewesen

Waru geht zu weit. Er schleicht sich an den anderweitig beschäftigten Ee heran ... begeht sein scheußliches Verbrechen ... Ee und Nibu stellen den Schurken ... und Waru zieht sich zurück.

war, zwang jetzt den Sünder mit drohendem Grollen Schritt für Schritt rückwärts. Waru wäre sichtlich gern aus der Sache raus gewesen, aber es dauerte eine Weile, bis Nibus Drohungen so milde wurden, daß Waru ihm den Rücken zudrehen konnte. Die Reaktion der Kater hatte ihn restlos befremdet. Die meisten, samt Ee, hatten die Fassung wiedergewonnen und folgten erneut Wan Twos Spuren.

Waru war noch einige Zeit nach diesem Vorfall ein furchterregender Gegner, aber es schien, als hätten die anderen Kater in jener Nacht gelernt, daß er nicht unbesiegbar war. Sie provozierten ihn zwar nicht, boten ihm jedoch, wenn er sie herausforderte, mit immer mehr Selbstvertrauen die Stirn. Mit größter Wahrscheinlichkeit war es aber Mo, der Warus Fall am meisten herbeiführte. Eines Morgens, Mitte Januar, platzte Chiyoko in mein Zimmer, um zu verkünden, sie hätte eben einen schrecklichen Kampf zwischen Mo und Waru beobachtet. «Ich hab' schon lange nicht mehr eine so schlimme Rauferei gesehen. Pelzfetzen flogen in alle Richtungen», erzählte sie aufgeregt. «Schließlich lag Waru am Boden, alle Viere in der Luft, um Mo abzuwehren. Der arme Teufel war komplett am Ende.»

Danach verging kaum ein Tag, ohne daß Mo Waru wissen ließ, wer Nummer Eins war, wenn auch meist ohne Tätlichkeiten. Waru achtete stets darauf, wo Mo war; er kroch hinter Möbelstücke und duckte sich lautlos, wann immer Mo nahe bei ihm vorbeiging. Die Angst, er könnte unversehens auf Mo stoßen, beschleunigte seinen Rückzug an den Rand der Katzengesellschaft. Er wurde zwar nie ein Paria und blieb von den anderen Katern weiterhin gefürchtet, wurde aber im großen ganzen ignoriert. Er schien Angst zu haben, sich den Katergruppen anzuschließen, die den Weibchen während der ersten zwei bis drei Tagen der Brunst folgten, und begnügte sich mit Weibchen, deren Brunst schon fast vorbei war und die nicht mehr so gefragt waren. Er sprühte auch nicht mehr mit der gleichen Vitalität wie zu seiner Glanzzeit, als nur Sabu es ihm gleichtun konnte. Manchmal schien er so apathisch, daß ich glaubte, er sei körperlich krank. Die Untersu-

Mo wurde wieder zum ersten Kater und ließ es Waru nie vergessen.

Oben: Musugoros Königreich der Tiere aus der Luft.

Rechts: Ich bin der festen Überzeugung, daß eine Katze nach Belieben herumstreichen können sollte. Nur eine freie Katze ist eine glückliche Katze.

Unten: Ein trauriger Aspekt des Lebens im Königreich – Hunde lebten draußen, Katzen drinnen.

A

B

C

D

E

F

G

H

I

A Mo *(geb. 1973), Sohn von Ma, dem Begründer der Katzenpopulation im Königreich. Jetzt der älteste im Katzenhaus und oberster Kater. Man sieht ihm sein Alter nicht an. Zu Weibchen verhält er sich wie ein perfekter Gentleman. Mehr als 70 Prozent der Königreich-Katzen haben wahrscheinlich sein Blut.* **B, C Aya** *und* **Uko** *(geb. 1974), Schwestern, die im Alter von sechs Monaten von einem Bauernhof ins Königreich kamen. Wurden in Mos Harem aufgenommen und bekamen von ihm viele Kätzchen. Sie sind einander in vieler Hinsicht ähnlich, sehr sanft, und werden oft von anderen Katzen geplagt. Keine verträgt Kater-Raufereien in ihrer Nähe, und sie greifen manchmal ein, um dem Streit ein Ende zu machen.* **D Pe** *(1976–1984), als Kätzchen mit ihren drei Geschwistern von Chiyoko auf einem Müllhaufen gefunden. Sie wuchs mit einem Ainu-Hund auf und fürchtete sich nicht vor Hunden. Starker Wille, Intelligenz, Spielfreude. Sie war bei den Katern sehr beliebt und eine ausgezeichnete Mutter.* **E Nibu** *(geb. 1978), Sohn von Mo und Aya. Im Haupthaus, wo er der Schüler seines älteren Bruders Sabu war, lernte er die Liebe kennen und hatte seither nichts anderes mehr im Kopf. Hervorragender Sexualtechniker, wurde aber zum Glück für die anderen Kater seiner Partnerinnen bald müde.* **F Sabu** *(1977–1980), Sohn Mos und Ayas. Fast unerträglich anhänglich als junge Katze, doch nachdem er ins Katzenhaus kam, hatte er für Menschen nichts mehr übrig. Eifrigster Spritzer, den ich je kannte. Unglücklicherweise entwischte er eines Tages aus dem Katzenhaus und wurde von den Hunden getötet.* **G Waru** *(geb. 1976), Sohn von Mo und Tobo. Als Jungkater liebte er Kämpfe und war dabei sehr gut – er war der einzige Kater, der seinen Vater Mo besiegte während der ersten zwei Monate im Katzenhaus. Erhielt seinen Namen, «der Böse», weil er überall Schwierigkeiten verursachte.* **H Kurokasan** *(geb. 1976) Tochter von Mo und Tobo, Schwester von Waru. Ihr Name, «Schwarze Mutter», wurde ihr nach der Geburt ihrer ersten Kätzchen gegeben und paßt gut zu ihr; ihr Herz ist manchmal so schwarz wie Warus. Plagt andere Weibchen, wenn sie Lust hat. Das Schönste an ihr sind die wundervollen grünen Augen.* **I Kenbo** *(geb. 1978), Sohn Mos und Ukos. Ein eher schwacher, unauffälliger Charakter, aber als Jäger an Tapferkeit nur von Marshmallow erreicht. Berühmt, weil er den ersten Spatz fing, der sich ins Katzenhaus verirrte, ein Erfolg, den er nie vergaß.* **J Marshmallow** *(geb. 1978), Sohn von Mo und Uko. Kleinwüchsig, aber unübertrefflicher Rattenjäger, griff ohne Zögern die Monstren an, die wir manchmal in den Fallen fingen. Manchmal ist er als*

J

K

L

M

N

O

P

Q

R

einziger verrückt genug, um zu versuchen, einer anderen Katze ihre Ratte wegzunehmen. **K Wanchan** *(geb. 1977), Sohn von Mo und Uko. Groß und kräftig, mit aristokratischem Gebaren. Er entwickelte seltsame sexuelle Gewohnheiten, die ihn immer lächerlicher machten. Zu Ee wie ein jüngerer Bruder.* **L Panda** *(geb. 1978), Sohn von Mo und Aya. Hatte bei der Geburt eine etwas mißgebildete Zunge, die ihn am Saugen hinderte, und mußte von Hand aufgezogen werden. Vielleicht als Folge davon frißt er alles und jedes außer eingelegtem Meerrettich. Mit seinen schwarz-grau-weißen Farben sieht er seltsam aus, aber im Gegensatz zu den meisten Schildpattkatern ist er sehr fruchtbar.* **M Sha** *(geb. 1976), Bruder von Pe und mit ihr und dem Ainu-Hund aufgezogen. Sehr unbeschwert, tut nichts überstürzt, weswegen er der schwerste Kater des Katzenhauses ist. Hat furchterregende Reißzähne, die elegant auf seinem schwarzen Fell glänzen, wenn er sie im Duell entblößt. Aber seine Stimme verrät ihn – es ist immer noch ein Sopran. Er haßt Panda.* **N Ee** *(geb. 1973). Als Kätzchen vom Bauernverband geschenkt. War zuerst kein großer Kämpfer, aber nachdem Waru ihn gebissen hatte, während er sich paarte, fing er an zu zeigen, daß er unter seinem sanften Wesen Muskeln und Entschlossenheit hatte.* **O Tobo** *(geb. 1973? bis 81). Aufgenommen nach einem Schneesturm, mit einer bösen Wunde an der Oberlippe, die sie ihr hübsches Aussehen kostete, nicht aber ihre Beliebtheit bei den Katern, die sich am Geruch, nicht an der Schönheit orientieren. Ehe sie an Krebs starb, hatte sie ganze Heerscharen von Kätzchen, eigene und fremde, aufgezogen. Alle, die sie kannten, liebten sie und behielten sie in Erinnerung.* **P Ganko** *(geb. 1976), traurig berühmt, weil er Flöhe ins Königreich einschleppte. Aus Schüchternheit, oder weil er ein geborener Gentleman ist, ist er ein sehr galanter Liebhaber. Sein Nabelbruch scheint ihn nicht zu stören.* **Q Uemi** *(geb. 1976), Tochter von Kurokasan und Ee. Hat einen angeborenen Defekt in der Augenmuskulatur, so daß ihre Pupillen stets nach oben gedreht sind. Nahm sehr ab im ersten Katzenhaus-Frühling und tötete zwei fremde Kätzchen, wurde aber nach einer Zeit der Isolation wieder gesund und zu einer perfekten Mutter. Ein ziemlicher Tyrann, wie ihre Mutter.* **R Hige** *(geb. 1978), Sohn von Mo und Kurokasan. Hier nur abgebildet, weil er ein so lustiges Gesicht hat. Sein Name bedeutet «Bart» oder «Schnurrbart». Er gleicht Groucho Marx so sehr, daß es schwierig ist, ihn als Katze anzusehen. Klein und ziemlich kampflustig, wird er regelmäßig von größeren und älteren Katern verprügelt und rächt sich an Jüngeren und Schwächeren.*

Links: *Sha und Panda bedrohen einander während der schrecklichen ersten Tage im Katzenhaus.*

Unten: *Durch den enormen Zuwachs an Raum konnten sich die Katzen viel mehr bewegen, und ihr Appetit wuchs. Zu den Fütterungszeiten versammelten sie sich stets erwartungsvoll.*

Zuunterst links: *Nachdem sich das Leben im Katzenhaus eingespielt hatte, wurden alte Freundschaften erneuert. Gegenseitiges Waschen nach den Mahlzeiten war ein beruhigender Anblick.*

Zuunterst rechts: *Schlingel Waru sucht Streit.*

chung brachte jedoch nur Flöhe zutage, von denen das Katzenhaus trotz häufigem Gebrauch von Puder wimmelte.

Es hatte mich nicht betrübt, daß Mo über Waru triumphiert hatte, und ich war der Ansicht, der Tyrann hatte die Bestrafung und Ächtung durch die anderen Kater mehr als verdient. Gleichzeitig tat er mir leid. Er war schließlich ein Opfer von Umständen, die ich selbst geschaffen hatte; er eignete sich nicht für das Leben im Katzenhaus, das hohe gesellschaftliche Toleranz voraussetzte. In einer natürlicheren, freien Situation hätte er sich entfalten können, wenn man aus seinen ersten drei Monaten im Katzenhaus Schlüsse ziehen durfte. Nun wurde er zunehmend zu einem Schatten seiner selbst, und sein Name tauchte in meinen Notizen nicht mehr oft auf. Ich beende diese Geschichte mit einem Auszug aus meinen Notizen vom 20. Juni 1980:

Waru kam heute früh zu mir, als ich die Sägemehlkisten reinigte. Er strich mir um die Beine und verlangte, gestreichelt zu werden. Er ist jetzt sehr anhänglich und scheint fast zufrieden zu sein. Früher hatte er für solche Spiele keine Zeit, er mied uns sogar, da ihm die Behandlung seiner häufigen Wunden nicht paßte. Seine Freundlichkeit schmeichelt mir zwar, aber ich sehne mich trotzdem nach dem jungen Teufelskater zurück, der Waru in früheren Tagen war. Ich wünschte mir beinahe, er würde mir wieder einmal die Freude machen, sich an einen ahnungslosen Rivalen heranzuschleichen und ihn in den Hintern zu beißen. Heutzutage verdient er kaum mehr seinen Namen «Waru».

4 Waisen

«Operieren wir halt und ersparen uns weitere Sorgen», sagte Iwase-san, der Tierarzt des Königreichs, im Entbindungsraum über Chibi gebeugt. Es war eine kalte Nacht anfangs 1979. Chibi, eine schöne orangefarbene Tabby, war die zweite Katze, die seit dem Umzug ins Katzenhaus Junge bekam. Ihre Schwangerschaft war normal verlaufen, was uns überraschte, denn im vorigen Jahr hatte sie zwei Fehlgeburten gehabt. Doch nach meiner Berechnung hatte sie jetzt den Termin um mindestens drei Tage überschritten; ihr gespannter Bauch, ihre geschwollenen Zitzen, ihre Rastlosigkeit und ihr offensichtliches Unbehagen bestätigten diese Schätzung. Seit zwei Tagen wartete ich auf den Beginn der Wehen und machte mir allmählich große Sorgen. Iwase-san vermutete, daß ein Fötus, tot oder lebendig, den Geburtskanal verstopfte. Wenn das stimmte, gefährdete jeder weitere Aufschub das Leben Chibis und ihrer Kätzchen. Als auch eine Injektion von Oxytozin nichts fruchtete, beschloß Iwase-san, ein Kaiserschnitt sei die sicherste Lösung.

Sofort wurden die Vorbereitungen getroffen. Chibi lag betäubt auf dem Wohnzimmertisch, wir standen zu sechst um sie herum, um Iwase-san zur Hand zu gehen. Nach ein paar Minuten zog er das erste Kätzchen aus Chibis Bauch, vier weitere folgten binnen kurzem. Wie Iwase-san befürchtet hatte, schienen sie kaum lebendig. Jeder von uns nahm sich ein Kätzchen vor, und wir fingen sie heftig zu bearbeiten an. Wir saugten von Näschen und Mäulchen Fruchtwasser ab, beatmeten sie, massierten ihre Brust und rieben sie vor den Heizkörpern trocken. Meines und ein weiteres zeigten bald Lebenszeichen, sie atmeten, wenn auch vorerst unregelmäßig. Die drei anderen aber schienen verloren, nach zehn Minuten Behandlung zeigten sie immer noch kein Fünklein Leben.

«Verloren? Unsinn, das kann man noch nicht sagen. Hört auf zu jammern und macht weiter!» schalt Iwase-san die Pessimisten, während er sich um eine sehr schwache Chibi kümmerte. Und tatsächlich, es war wie ein Wunder, berichteten nach weiteren fünf Minuten zuerst Hiroko und dann Chiyoko freudig, daß ihre Kätzchen jetzt selbständig atmeten. Schließlich legte auch Kazuhiro, der siebzehnjährige Pferdenarr und Hochschul-Aussteiger, den wir alle Otochan («Daddy») nannten, nach fünfundzwanzig Minuten intensiver Arbeit sein Kätzchen vor den Heizkörper. Alle fünf bewegten sich zwar kaum, atmeten aber regelmäßig. Nachdem Iwase-san Chibi so gut wie möglich versorgt hatte, legten wir sie in eine Schachtel und die Kätzchen in eine zweite, und Chiyoko nahm sie mit auf ihr Zimmer.

Der nächste Morgen brachte die Tragödie. Die Schreie fünf hungriger Kätzchen weckten Chiyoko um sechs Uhr früh, und sie fand Chibi tot. In ihrer erschöpften Verfassung war die Operation zuviel für sie gewesen. Wir waren entsetzt und betrübt, konnten uns jedoch nicht lange der Trauer hingeben, denn fünf hungrige Waisen wollten gefüttert werden. Daß sie keine Gelegenheit gehabt hatten, an

Chibis fünf Kätzchen, nicht eben lebhaft, aber am Leben.

den Zitzen ihrer Mutter zu saugen, erwies sich als Vorteil; sie nahmen die Babymilch aus der Flasche ohne weiteres an. Viele von uns wußten aus Erfahrung, wie schwierig es war, ein Tierkind an die Flasche zu gewöhnen, wenn es die Zitzen der Mutter und den Geschmack der Muttermilch kannte. Je länger es bei seiner Mutter gewesen war, desto größer wurde das Problem, doch selbst ein Baby, das ein einziges Mal von seiner Mutter genährt wurde, kann trotz seines Hungers jeden Ersatz hartnäckig abweisen. Als Chiyoko im Jahr darauf drei Kätzchen betreute, die nach dem ersten Tag von ihrer Mutter verstoßen worden waren, mußte sie sie drei Tage lang zwangsernähren, bis sie endlich begannen, aus einer Saugflasche zu trinken.

Chibis Kätzchen boten zwar solche Probleme nicht, aber dadurch, daß sie nicht von den Zitzen ihrer Mutter getrunken hatten, hatten sie auch kein Kolostrum bekommen, das Neugeborene während der ersten Wochen ihres Lebens vor Krankheiten schützt. Wir mußten also die Gesundheit unserer Waisen sorgsam überwachen. Ein noch dringlicheres Problem war jedoch die Verstopfung, wie sie sich nach unserer Erfahrung unweigerlich ergab bei Waisen, die von Geburt an mit Babymilch ernährt wurden. Wenn man das Hinterteil der Kätzchen mit einem babyölgesalbten Finger stimulierte, gaben sie regelmäßig Harn von sich, aber trotz ihrer Anstrengung hatten sie immer mehr Schwierigkeiten, Kot abzusetzen, und wir fanden uns gezwungen, ihnen täglich Einläufe zu machen, bis sie feste Nahrung zu sich nehmen konnten.

Als ich mich bereit erklärte, das Katzenhaus zu übernehmen, wollte Chiyoko gern meine Assistentin werden. Sie stellte nur eine Bedingung: man müsse ihr einmal die Chance geben, Kätzchen von Geburt an aufzuziehen. An diese Bedingung erinnerte sie mich am Tag von Chibis Tod. Sie hatte nichts dagegen, die Erfahrung mit uns zu teilen, bestand aber darauf, daß die Kätzchen in ihrem Zimmer blieben. Ich entdeckte bald, daß sie mich bezüglich mütterlicher Instinkte bei weitem übertraf. Obschon ich in ihrem Zimmer kampierte, den Kopf neben der Schachtel mit den Kätzchen, war sie es, die deren Weinen in der Nacht hörte. Wenn ich überhaupt erwachte, sah ich Chiyoko bereits bei den Kätzchen, die in der ersten Woche alle drei Stunden gefüttert werden mußten.

Aber wenn ich präsent und wach war, teilte ich mit Chiyoko alle katzenelterlichen Freuden und Leiden. Die kleinen Kätzchen zu füttern bereitete viel Vergnügen; man barg das winzige, noch blinde und taube Wesen in der Höhlung der Hand und konnte sehen und fühlen, wie sich sein Bäuchlein füllte, während es eifrig trank. Nach der Fütterung blickten wir verliebt auf fünf runde kleine Bäuchlein, während die Tierchen, eng zusammengekuschelt, fast sofort in tiefen Schlaf versanken – und wer kann uns das verübeln? Schließlich waren wir wirklich ihre Eltern und mit ihrer Aufzucht so intensiv beschäftigt wie jede Mutterkatze mit ihren Neugeborenen. Sie zu betreuen und ihr Wachstum zu verfolgen, war für uns ebenso spannend, wie es heute mit unserer Tochter ist.

Nach zwei Wochen, als die Kätzchen zum erstenmal zu spielen begannen und in ihrer Schachtel herumwankten, verbanden wir diese mit einer größeren, offenen Kiste, die als Eßzimmer, Spielplatz und Toilette gedacht war und eine Schale mit Sägemehl enthielt. Obschon uns das Fläschchengeben viel Spaß machte, wollten wir sie doch so rasch als möglich an feste Nahrung gewöhnen, um der Verstopfung abzuhelfen. Sie reagierten großartig und torkelten auf unsere Lockrufe hin

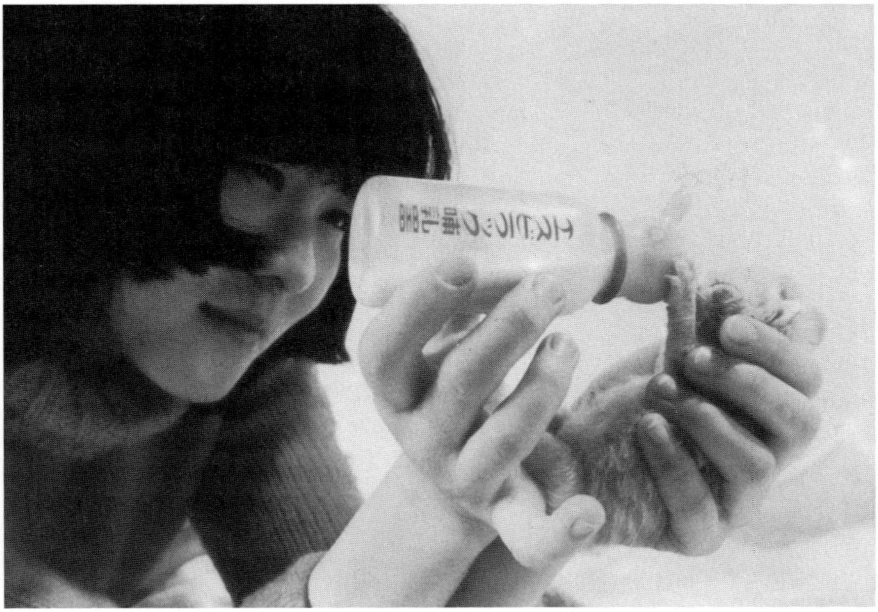

Man konnte sehen und fühlen, wie sich das Bäuchlein des Kätzchens füllte, während es eifrig trank.

aus ihrem Nest direkt in die Schüsselchen mit Fischsuppe. Als sie sich die Pfötchen sauberleckten, kamen sie auf den Geschmack der Speise und vergruben ihre Gesichtchen dort, wo eben ihre Pfoten gewesen waren. Ihre Nahrungsaufnahme war vorerst eher ein Saugen als ein Fressen. Dabei verkleisterten sie sich so, daß wir sie täglich baden mußten – der einzige Ersatz für die mütterliche Zunge, den wir zu bieten hatten. Binnen einer Woche lernten sie jedoch eine Menge und lebten von da an hauptsächlich von dieser Nahrung – dies mit dreieinhalb Wochen, wenn natürlicher aufgezogene Kätzchen noch nichts anderes kennen als Muttermilch. Die Suppe regulierte, wie gewünscht, ihre Verdauung, und nachdem wir sie gelehrt hatten, ihren Urin und Kot im Sägemehlkistchen loszuwerden, gingen sie nach dem Aufwachen oder einer Mahlzeit von selbst dorthin.

Um diese Zeit hatten sie längst Namen bekommen. Diese waren von den Namen der Mitarbeiter abgeleitet, die ihnen in der Nacht, da sie aus Chibis Bauch gezogen wurden, zum Leben verholfen hatten. Das schildpattfarbene Weibchen und eines der rotweißen Männchen nannten wir Toco und Hi, nach Toshiaki Ishikawa und seiner Frau Hiroko. Das andere rotweiße Männchen hatte das zweifelhafte Vergnügen, den Spitznamen des jungen Kazuhiro, Otochan, zu erben. Die zwei verbleibenden, ein roter Kater und eine schildpattfarbige und weiße Katze, wurden nach uns, Jerry und Chi, genannt. Die fünf Kätzchen als Gruppe hießen später die Otochantachi (die Otochans), weil Otochan der größte war und stets der erste, wenn es galt etwas Neues auszuprobieren.

Die Otochantachi wurden schnell zu groß für ihre Schachtel und belegten das ganze Zimmer (das, mit wenig mehr als 6 Quadratmetern, zugegebenermaßen klein war, ein typischer japanischer Kaninchenstall). Nur der Einbauschrank (oshiire), in dem Chiyoko schlief, war ihnen untersagt.*

Wenn ich abends kam, lag Chiyoko am Boden und spielte mit den Kätzchen, inmitten eines Meeres von alten Kleidern, Spielsachen, Puppen, Trockenblumen, Wollknäueln, zerknautschtem Papier und was sonst noch im Zimmer war, das die Otochantachi herunterstoßen oder herausziehen konnten. Ihre Fähigkeit, ein Chaos herzustellen und sich darin wohlzufühlen, war nicht weniger eindrücklich als die anderer Kätzchen. Ihre Spiele waren meist destruktiv, wenn auch ohne Absicht; eines ihrer liebsten jedoch, «Leuchtturm», war ziemlich erfinderisch. Den Abendländer, der in eine japanische Wohnung kommt, beeindruckt nicht nur der höhlengleiche Oshiire, sondern auch die komplizierten (und häßlichen) Deckenbeleuchtungs-Installationen. Es gibt zwar einen Hauptschalter an der Wand, aber unweigerlich hängt von der Decke eine Leitung herab, an der man ziehen kann, um verschiedene Grade von Helligkeit zu erzielen; auch ein Nachtlicht läßt sich ein- oder das Ganze ausschalten. So kann der Japaner, der sich gewöhnlich am Boden aufhält, die Beleuchtung regeln, ohne jedesmal aufstehen zu müssen.

Chiyoko befestigte einen kleinen, gestrickten Teddybären am Ende ihrer Lichtleitung, und die Kätzchen entdeckten bald, daß sie, wenn sie danach sprangen und sich daran festhielten, das Licht ein- und ausschalten konnten. Dieses Spiel konnten sie etwa eine Stunde lang spielen, während es mich schon nach wenigen Minuten um den Verstand brachte. Chiyoko ertrug diese und andere Streiche mit weit mehr Geduld, aber selbst sie wurde nervös, als die Kätzchen lernten, in ihr Schrankbett zu klettern, und zu jeder Stunde der Nacht um sie herum Fangen spielten.

Eines Tages verkündete sie, es sei jetzt Frühling und die Tage würden wärmer; sie werde die Kätzchen mit der Außenwelt vertraut machen und ihnen tagsüber soviel Abenteuer ermöglichen, daß sie nachts etwas Ruhe habe. Das war eigentlich nur ein Vorwand, um die Kätzchen zu verwöhnen, denn Chiyoko wußte genau so gut wie ich, daß die Kätzchen, selbst wenn sie sich am Tag bis zur Erschöpfung tummelten, um Mitternacht wieder voll aktionsfähig waren. Aber ich stimmte dem Vorschlag zu, denn ich war nicht weniger darauf erpicht, die Kätzchen zu verwöhnen, und mir selbst wollte ich das Vergnügen gönnen, sie zur Abwechslung in natürlicher Umgebung zu beobachten und zu fotografieren. Die Otochantachi waren dafür ideal; sie waren in dem Alter, in dem eine echte Mutter beginnt, sie auf Jagdausflüge mitzunehmen. Da sie uns als Eltern betrachteten, würden sie uns folgen und unsere Anwesenheit eher begrüßen als ablehnen, was auch die zutraulichste erwachsene Katze tut, wenn sie auf Wanderschaft ist.

Was die Abenteuer im Freien angeht, sprechen die Bilder für sich selbst. Selbstredend wurden Ausflüge für die Kätzchen zu Höhepunkten des Tages. Schon bald brachten sie den Korb, in dem wir sie zu befördern pflegten, mit Abenteuern

---

* Diese oshiire (wörtlich «stopf hinein») sind geräumig; sie nehmen tagsüber die japanischen Matratzen (futons) auf sowie alles andere, das im durchschnittlich sehr kleinen Raum nicht Platz hat. Sie haben gewöhnlich zwei Ebenen, und Chiyoko wich von der Tradition ab, indem sie ihre Futons nicht jede Nacht herauszog und jeden Morgen zurückschob, sondern sie dauernd auf den anderthalb Quadratmetern des oberen Gestells ausgebreitet ließ.

Mutterschaft und Kätzchendasein – beides macht müde!

in Verbindung und purzelten übereinander in ihrer Hast, hineinzukommen, wenn er in Chiyokos Zimmer stand. Sie allerdings wieder hineinzukriegen, wenn es Zeit war, heimzugehen, war eine ganz andere Sache.
Wir brachten sie in den Wald, auf Wiesen und Weiden und einmal sogar an den Strand. Letzterer war, das muß ich zugeben, kaum ein Ort, den sich eine Katze aussuchen würde, und wie vorauszusehen war, zeigten sich die Otochantachi zunächst entsetzt über den Mangel an Deckung, die Weite der Landschaft und das Brausen der Wellen. Aber als sie den ersten Schreck überwunden hatten, folgten sie tapfer unseren ermutigenden Zurufen und trotteten hinter uns den Strand entlang, ja, sie netzten sogar ihre Pfoten in der kalten Brandung des Pazifiks.
Auf diesen Ausflügen gingen wir eigentlich sehr wenig. Anders als Hunde sind Katzen körperlich und seelisch zu längeren starken Anstrengungen nicht fähig. Sie sind zwar schnell und beweglich, haben aber wenig Ausdauer und ermüden rasch. Obwohl die Otochantachi uns sogar als erwachsene Katzen willig folgten, zogen sie Erkundungen in dem ihnen gemäßen, gemächlichen Tempo bei weitem vor. Das versteht sich natürlich von selbst bei Tieren, die allein und lautlos auf kleine Beute lauern.
So war es für die Kätzchen viel befriedigender, wenn wir sie auf diesen Ausflügen machen ließen – und wir selbst hatten auch mehr davon. Wir ließen uns auf alle

Warten auf den Spaziergang.

Viere nieder und krochen ihnen durch Gras und Unterholz nach, hielten an, wenn sie anhielten, und schauten hin, wo sie hinschauten, und nahmen dabei unzählige Dinge wahr, die wir sonst verpaßt hätten. Es wurde uns deutlich, wie sie die Welt sahen – eine Welt enger, verdeckter Horizonte, in welcher Gehör, Tast- und Geruchssinn genau so wichtig waren wie die Augen; eine von allen möglichen kleinen Lebewesen bevölkerte Welt, die man beobachten, jagen, fangen, mit den Pfoten schlagen, kauen und – wenn sie gut schmeckten – fressen konnte.
Bis zum Herbst hatten die Kätzchen Kaulquappen, Frösche, Hirschkäfer, Schmetterlinge, Libellen, Grillen und Spitzmäuse kennengelernt, und auch größere Tiere wie die Pferde, Schafe und Schweine des Königreichs. Diesen näherten sie sich spontan, zwar ängstlich, aber von Neugier getrieben. Manchmal wurden sie weggejagt, doch öfter reckten sich ihren Näschen die Nasen der ebenso neugierigen Fremden entgegen. Solche Begegnungen muteten wir den Kätzchen selten zu, aber an einem Wintertag, als sie bereits neun Monate alt waren, konnten wir der Versuchung, sie auf den warmen Rücken unserer Percheron-Stute Hoshiko zu heben, nicht widerstehen. Wir waren sicher, sie würden sofort herunterspringen, zu unserer Überraschung ließen sie sich jedoch auf Hoshikos dickem Winterfell nieder und begannen, einander gründlich zu waschen. Als dann aber Hoshiko, der diese Last nichts auszumachen schien, zu einem Wassertrog schlenderte, sprangen sie eilends herunter.
Wir fuhren zwar fort, die Otochantachi auf Ausflüge mitzunehmen, verlegten sie jedoch mit drei Monaten ins Katzenhaus, sowohl ihnen als auch Chiyoko zuliebe. Wahrscheinlich, weil sie schon zahlreiche Abenteuer erlebt hatten, zeigten sie nicht die leiseste Furcht beim Anblick so vieler Katzen und fingen fast sofort an, mit anderen Kätzchen zu spielen. Von den Ausflügen abgesehen, führten sie von diesem Tag an das gleiche Leben wie ihre Altersgenossen im Katzenhaus. Im Frühjahr darauf begannen sie, ihre Kampftauglichkeit zu erproben, und interessanterweise legten sich Otochan, Jerry und Hi lieber miteinander an als mit anderen gleichaltrigen Katern. Ich habe später dasselbe Verhalten bei anderen Katern, die als Brüder aufgewachsen waren, beobachtet.
Bei Chi und Toco war es anders. Wie ich später berichten werde, wurden sie zu vorbildlichen Müttern und Schwestern und zogen ihre Kätzchen während zwei aufeinanderfolgenden Jahren gemeinsam auf. Als sie gebären sollten, zeigten sowohl Toco wie Chi, wie willkommen ihnen unsere Gegenwart war. Chi weigerte sich sogar in den ersten Tagen, sich hinzulegen und ihre Jungen zu säugen, wenn Chiyoko oder ich nicht dabei waren. Alle fünf Katzen verloren ihre enge Beziehung zu Menschen nie; sie kommen, soviel ich weiß, heute noch jeden Besucher des Katzenhauses begrüßen.
Manche Besucher erschraken zutode, weil die Katzen ihnen plötzlich aus heiterem Himmel auf die Schulter sprangen. Ließ man sie gewähren, so blieben sie mit Vorliebe dort, begleiteten die Gäste durchs Katzenhaus und posierten für Fotos.
Chibis tragischer Tod hatte unerwartet viel Gutes gebracht. Wir hatten unsere Verpflichtung ihr gegenüber erfüllt, indem wir ihre Kätzchen erfolgreich großzogen, und das Wissen, das wir dabei erworben hatten, erwies sich immer wieder als nützlich – für uns, die anderen Mitarbeiter im Königreich und für viele Außenstehende, die Rat suchten für die Aufzucht verwaister Welpen, Kätzchen, sogar junger Füchse und Tanukis (Marderhunde), die in ihren Besitz gelangt

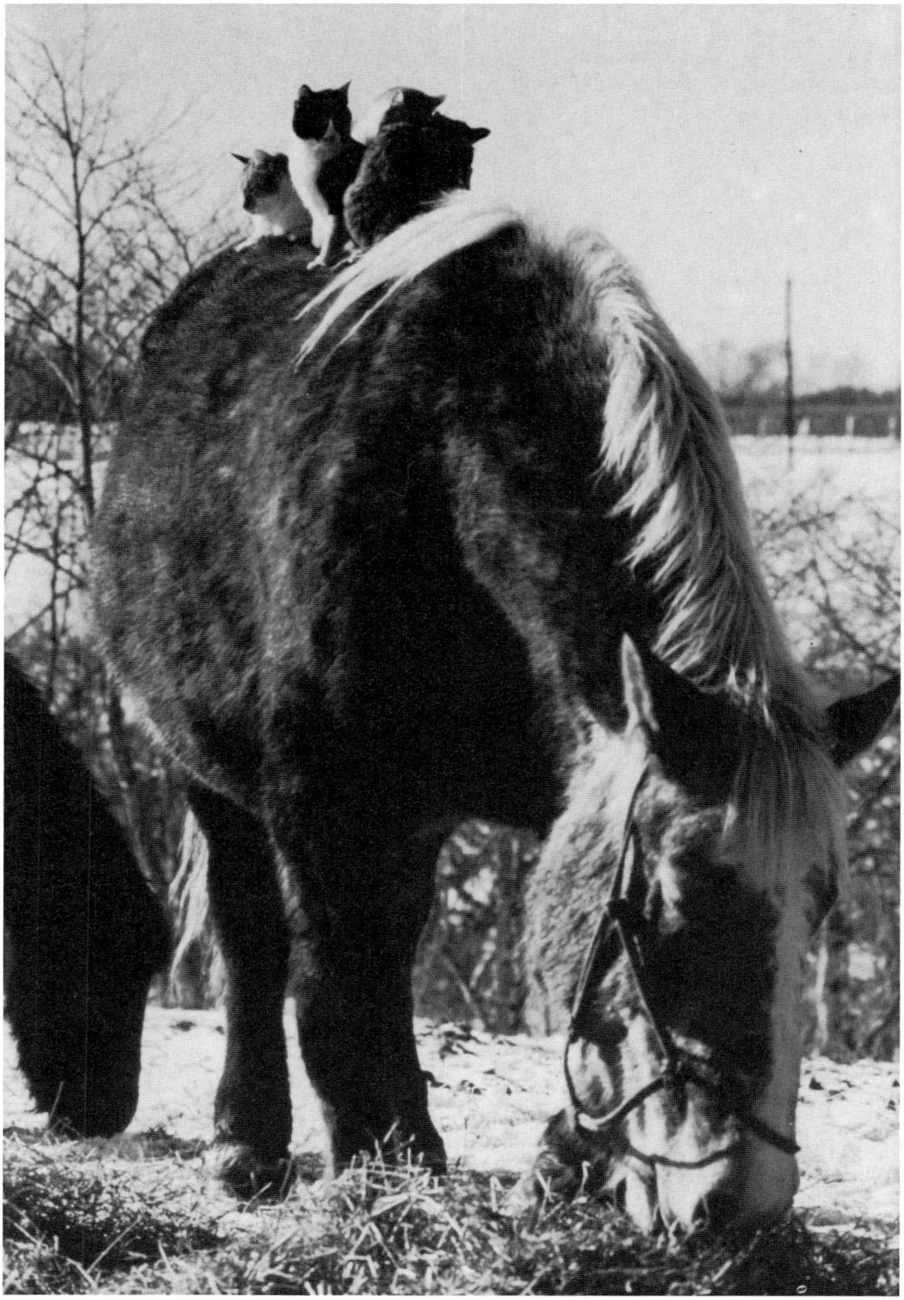

Bequem auf dem Rücken der Percheron-Stute Hoshiko installiert.

waren. Aber vielleicht profitierten Chiyoko und ich am meisten – wir hüten kostbare Erinnerungen daran, wie unsere fünf Pflegekätzchen das Land in Hokkaido erforschten, und hatten einen unschätzbaren Vorgeschmack der Freuden und Ärgernisse bekommen, die uns als Eltern eines Menschenkindes erwarteten.

5 Paarungsspiele

Im Frühjahr 1979 brachte ich im Katzenhaus ein paar Verbesserungen an, von denen ich mir für die Katzen eine wesentliche Steigerung der Lebensqualität versprach und die mir erlaubten, weit bessere Fotos zu machen.

Als erstes sorgte ich für eine bessere Beleuchtung in den Schuppen, indem ich Teile der Wellblechdächer herausschnitt und durch durchsichtige Plastikfolien ersetzte. Bis dahin waren die Schuppen bedrückend dunkel gewesen, und zum Sonnenbaden mußten sich die Katzen mit dem bißchen Sonnenlicht begnügen, das am frühen Morgen schräg durch die Ostfenster und am Spätnachmittag durch die Westfenster drang. Zu allen anderen Stunden war es in den Schuppen düster, egal ob der Tag sonnig oder bewölkt war. Die Dachfenster, im ganzen etwa 30, veränderten vieles: Zwar waren die Katzen immer noch von Dach und Wänden umschlossen, der Bau machte aber jetzt nicht mehr den Eindruck einer Höhle, und sie konnten sich ausbreiten und auf unzähligen hochgelegenen Plätzen zu allen Tageszeiten sonnen.

Jeder Fotograf, denke ich, wird die Freude und das Gefühl von Freiheit nachempfinden können, die ich empfand, als ich die schwere Blitzlichtausrüstung wenigstens am Tag beiseitelegen konnte. Es war zwar immer noch einige Blendengrade dunkler als im Freien, aber doch hell genug, um in den meisten Situationen ohne Blitzlicht auszukommen, solange ich die Kamera ruhig hielt. Es wurde augenblicklich viel vergnüglicher und lohnender, die Katzen zu fotografieren, und die Ergebnisse sahen natürlicher und angenehmer aus. Einen Nachteil gab es freilich: Die Katzen verschliefen mehr Tagesstunden denn je, besonders an sonnigen Tagen, und ich schwamm förmlich in Momentaufnahmen von sich hingebungsvoll sonnender, schlafender Tiere.

Die zweite Veränderung gefiel den Katzen so gut wie die erste. Der dreibeinige Wildeber Bui war altershalber gestorben, und sofort beschlagnahmten wir sein Gehege, das sich zusammen mit anderen hinter den Schuppen befand. Wir überredeten Mutsu-san, sein sozusagen unbenütztes Golf-Trainingsnetz zu opfern, überdeckten damit das Gehege, säten Gras und setzten zwei kleine Bäume hinein. Im Juli bildete das Gras einen luxuriösen Teppich und wir konnten den «Katzengarten» eröffnen. Am 4. Juli stieß Chiyoko die kleine Schiebetür zum Garten auf. Ich stand draußen und rief.

Einige wenige Katzen hatten das «große Draußen» schon erlebt, aber für die meisten bedeutete dieser Augenblick den ersten, wenn auch beschränkten Kontakt mit Mutter Natur. Die vorderste Gruppe, die den Eingang zum Garten füllte, bestand aus Unerfahrenen, und der Anblick, der sich ihnen bot, ließ sie erstarren. Sie fürchteten sich, das hüfthohe (ihre Hüften, nicht unsere) Gras zu betreten, sie fürchteten den offenen Himmel, waren jedoch zu neugierig, um umzukehren, und saßen wie gelähmt da. Nie werde ich den Ausdruck ihrer Gesichter vergessen. Aber hinten stießen nun andere nach, so daß sie nicht lange an ihrem Platz blei-

Ich schwamm förmlich in Momentaufnahmen von sich hingebungsvoll sonnender, schlafender Katzen.

ben konnten. Binnen fünf Minuten waren fast alle Katzen (es waren damals über sechzig) draußen, vorsichtig durch das Gras stapfend. Die Erfahrenen, wie Pe und Ganko, fingen gleich an, vergnügt an den Grashalmen zu kauen. In Kürze taten es ihnen andere nach. Die Kater gewannen ihre Fassung wieder und besprühten eifrig jede senkrechte Fläche. Die Kätzchen jagten bald die Bäume hinauf und hinunter und belauerten einander im Gras. Auch ein paar Erwachsene fingen an zu spielen; es herrschte eine Party-Stimmung.
Der Garten war in jeder Hinsicht ein großer Erfolg. Er war zwar nur etwa 80 Quadratmeter groß, aber das war besser als nichts. Da das Netz schweren Schneelasten nicht gewachsen war, mußten wir es jeden Winter entfernen und den Garten schließen. Doch acht Monate im Jahr spürten die Katzen Gras unter den Füßen und den Himmel über ihren Köpfen, und sogar, wenn sie wollten, Regen auf ihren Rücken. Sie erfuhren das Vergnügen, sich im Freien zu paaren, zu kämpfen, zu spielen, zu dösen, und sie konnten ihre etwas frustrierte Jagdlust an Fliegen, Käfern, gelegentlich auch Fröschen oder Spitzmäusen auslassen, die das Pech hatten, versehentlich in den Garten zu geraten. Im Sommer brachten wir aus dem Wald Bündel von Ranken, die die Japaner «matatabi» nennen und die

Verblüffung angesichts des neuen Gartens.

Katzen ebenso berauschen wie Katzenminze; wir hängten sie an die Zweige der Bäume, und die Katzen schnupperten, bis sie völlig beschwipst waren. Sie konnten auch die Pferde, Schweine und Schafe Nase an Nase begrüßen, die täglich vorbeikamen. Kurz, der Garten, wenn auch mit Mängeln behaftet, brachte den Katzen unzählige neue Situationen und Anregungen und die Möglichkeit, den Ablauf der Jahreszeiten zu verfolgen. Sie zeigten ihre Dankbarkeit, indem sie sich vor der Schiebetür versammelten und um deren Öffnung baten, kaum hatte ich das Katzenhaus betreten. Eine nach der anderen ging hinaus, schnupperte in der Luft und kaute Gras. Ich wurde dieses Anblicks nie müde, der absurderweise etwas von einer Kuhherde hatte, die auf die Weide gelassen wird.

10. Januar 1980: Zum erstenmal in diesem Winter hatten wir schwere Schneefälle, und ich brauchte zwanzig Minuten, um mich zum Katzenhaus durchzuschaufeln. Als ich mich der Tür näherte, war mir schon klar, daß drinnen etwas anders war: Ein Chor fast monotoner, langer Rufe hallte durch das Haus, unmißverständlich die Schreie von Katern, die ein brünstiges Weibchen suchen. Als ich

Der Garten bot Unmengen neuer Erlebnisse.

niboshi* auf den Boden streute, beachteten sie diese nur flüchtig; sie interessierten sich weit mehr für die in der Nähe versammelten Weibchen. Offenbar hatten sie ihre Beute noch nicht gefunden. Eine Viertelstunde später sah ich sieben oder acht Kater bei einer Sägemehlkiste, alle rochen intensiv am selben Fleck und flehmten. Wer immer das Weibchen war, sie hatte dort vor kurzem uriniert. Es schien, daß mit dem Schnee die Zeit der Paarung gekommen war.

Es war jedes Jahr dasselbe. Wenn es kalt wurde, wurde es still im Katzenhaus, immer mehr Katzen kuschelten sich in die Winterlager, die ich bereitgestellt hatte. Besonders an bewölkten Tagen sah das Katzenhaus zwischen zehn Uhr morgens und drei Uhr nachmittags, und fast die ganze Nacht über verlassen aus. Dann, unweigerlich um Mitte Januar herum, änderte sich alles schlagartig. Die Schuppen widerhallten von den durchdringenden Schreien der Kater, die sich gewöhnlich in die verschiedensten Richtungen bewegten, aber alle das gleiche Ziel hatten – die Trägerin des besonders verlockenden Duftes zu finden, der ihnen seit dem Vorabend aus einer, zwei oder drei Sägemehlkisten entgegenströmte, und sich mit ihr zu paaren.

Diesen Duft riechen und analysieren Kater nicht nur mit der Nase, sondern sie flehmen mit dem Jacobsonschen Organ, einer winzigen Tasche von Geruchszellen, die sich im Gaumen befindet. Wer je mit Pferden gelebt hat, dem ist die Grimasse bekannt, die der Hengst schneidet, indem er die Oberlippe zurückrollt und die Nase rümpft, wenn er den Duft einer rossigen Stute wahrnimmt. Auch Kater ziehen die Oberlippe hoch beim Flehmen, aber ihr Ausdruck ist nicht halb so seltsam wie der eines Hengstes. Man nimmt an, daß sie mit den Geschmackszellen der Zunge Geruchspartikel aus der Luft aufnehmen, und sie dann gegen den Gaumen pressen, wo ein feiner Kanal zum Jacobsonschen Organ führt, das man beinahe als Geruchsorgan im Mund bezeichnen könnte. Nicht nur Kater zeigen

---

* Niboshi, wörtlich «gesotten und getrocknet», sind höchstens 5 cm lange Sprotten, denen durch Sieden das Fett entzogen wird und die man dann trocknet. Die Katzen liebten sie und bekamen jeden Morgen ein bißchen davon – nicht viel, denn niboshi sind nicht billig.

dieses Verhalten, und nicht nur der Urin eines rolligen Weibchens ruft es hervor. Auch Weibchen flehmen hin und wieder, und beide Geschlechter reagieren auf eine Vielzahl von Düften, die für uns Menschen keinen Zusammenhang haben. Aber fraglos flehmen die Kater am ehesten beim Beriechen des Hinterteils eines brünstigen Weibchens oder ihres Urins.

Es war für die Kater nicht leicht, das rollige Weibchen ausfindig zu machen. Ihr Vermögen, Gerüche voneinander zu unterscheiden, wurde geradezu überfordert durch die Vielzahl der möglichen Partnerinnen – über sechzig im Jahr 1982, als die Bevölkerung des Katzenhauses auf dem Höhepunkt war. Außerdem war die gesuchte Katze meist mit anderen Katzen zusammen in einem Winterbett vergraben. Selbst wenn sie merkte, was mit ihr los war, hatte sie noch nicht die geringste Lust auf Liebe und keine Ahnung, warum die Kater so aufgeregt waren. So brauchten die Kater einen Tag und mehr, um sie zu finden. Zuerst entdeckte sie nur einer oder zwei, ihr zudringliches Verhalten fiel dann anderen Katern auf, und schon hatte sie ein Heer von Verehrern.

Dies schmeichelte einer Katze im ersten Stadium der Brunst keineswegs. Sie empfand die Bewerber als lästig und zeigte ihren Ärger deutlich, indem sie fauchte und gegen jeden Kater, der sich ihr zu nähern wagte, die Krallen erhob. Die Autorität, mit der ein Weibchen selbst die unhöflichsten Bewerber mühelos abwies, und die Taktik, die es dabei anwandte, beeindruckten mich immer wieder. Wenn sein Widerstand am Boden oder im Winternest zusammenzubrechen drohte, suchte es einen schmalen Sitzplatz nahe der Decke auf, ein Manöver, das die Werbung eines Katers stark behinderte. Trotz der Kälte konnte es dann stundenlang dort oben bleiben, rundum von Katern umgeben, die direkt unter ihm ausharrten. Hin und wieder gaben die Kater ein bezeichnendes, kurzes Zirpen von sich, als wollten sie sagen: «Wie wär's?» Aber was immer sie auch versuchten, die Katze gab nicht nach, bis sie ein bißchen mehr Lust verspürte. Selbst dann schien mir oft, daß sie die Paarung nicht eigentlich wünschte, sondern sich zunächst bloß dazu herabließ, sich besteigen zu lassen. Es dauerte noch Stunden, bis sie wirklich bei Laune war und die Kater sogar lockte.

Der Sexualakt beginnt damit, daß der Kater das Weibchen mit den Zähnen am Nackenfell packt und sich rittlings auf es setzt. Der Nackenbiß macht die empfängliche Katze teilweise immobil; sie wird fast so passiv wie ein Kätzchen, das von seiner Mutter ganz ähnlich mit den Zähnen getragen wird. Sowohl der Paarungsbiß des Katers als auch der Tragebiß der Mutter gleichen dem Biß, mit dem Katzen ihre Beute töten; der Unterschied ist nur, daß eine Hemmschwelle besteht, die die Kiefer nicht völlig schließen läßt. Aber auch so ist der Paarungsbiß alles andere als sanft. Wenn die Katze sich wehrt, beißt der Kater stärker zu, er kann ihr wehtun oder sie sogar leicht verletzen. Aber die empfängliche Katze wehrt sich selten und nimmt, kaum wird sie gepackt, die Kopulationsstellung ein – Rücken flach auf den Boden, Hinterteil erhoben, Schwanz zur Seite gedreht. Macht sie das nicht schnell genug, so fordert der Kater sie zur Kopulationsstellung auf, indem er sie mit den Hinterbeinen tritt.

Wenn sie bereit ist, dehnt er seinen Körper rückwärts, um den Penis in die Nähe der Vulva zu bringen. Spürt sie, wie sich seine Genitalien an ihrem Hinterteil reiben, so reckt sie dieses oft noch höher, um ihm zu helfen. Ein erfahrenes Paar

Sha flehmt in der ihm eigenen Weise.

kann den Begattungsakt binnen zehn Sekunden, nachdem das Männchen das Weibchen bestiegen hat, vollziehen. Es kann aber auch viel länger dauern, besonders, wenn der Kater unerfahren oder die Katze nicht kooperativ genug ist.
Ist der Penis mal drinnen, so ist der Akt blitzschnell vorbei, aber dennoch sehr dramatisch. Sobald die Tiere miteinander verbunden sind, fängt das Weibchen zu knurren und mit den Hinterbeinen zu strampeln an, und obwohl dies die einzige Bewegung ist, die es in ihrem halbgelähmten Zustand vollziehen kann, stößt es manchmal den Penis, besonders den eines unerfahrenen Katers, ab. Der Penis eines Katers ist, selbst im erigierten Zustand, ziemlich kurz und seine Lage im Weibchen deshalb unsicher. Dies ist vielleicht der Grund, warum Kater so wenig Stöße zu machen brauchen; sie ejakulieren, kaum sind sie drinnen. Der Penis ist mit kurzen Widerhaken versehen; man nimmt an, deren Reibung gegen die Vaginawände spiele eine wichtige Rolle beim Orgasmus beider Tiere. Ich möchte aber wetten, daß die Widerhaken auch dazu dienen, den Penis vor dem Hinausgleiten zu bewahren, wenn das Weibchen zu strampeln anfängt. Es gibt in der Biologie keine Regel, wonach ein Organ nur einen Zweck hat; im Gegenteil ist die Natur sparsam, und Mehrzweckvorrichtungen sind die Regel.
Sekunden nach der Begattung steigert sich das Geknurre der Katze zu ohrenbetäubenden Schreien, und wenn man das Gefühl hat, lauter könne sie nicht mehr werden, fängt sie an sich zu winden. Ein kluger Kater springt jetzt herunter und nimmt eine Verteidigungshaltung ein, bereit zu weiterem Rückzug, falls die Katze mit den Krallen nach ihm schlägt, was sie öfters tut. Gleichzeitig scheint er

Kerompa zeigt, zwischen Paarungen, ihren Verehrern die kalte Schulter.

völlig gebannt vom Anblick der Katze, die sich – sofern sie ihn nicht angegriffen hat – wie von Sinnen auf dem Boden rollt und reibt und zwischendurch ihre Geschlechtsteile leckt. Man kann unmöglich sagen, was in diesem Augenblick in ihren Köpfen vorgeht, mir jedenfalls scheint das Weibchen in höchster Ekstase zu sein, und es ist denkbar, daß der Anblick dieser Ekstase den Kater befriedigt. Auf jeden Fall ist es ein Anblick, den er um keinen Preis verpassen will, und erst wenn sich das Weibchen etwas beruhigt hat, widmet er sich seiner eigenen Pflege. Selbst dann läßt er die Katze keinen Moment aus den Augen, und sobald sie weggehen will, unterbricht er sich, um ihr nachzulaufen.

Ich habe geschildert, wie der Sexualakt unter idealen Bedingungen vor sich geht, wenn nur ein Kater eine Katze umwirbt. Im Katzenhaus dagegen war eine beliebte Katze zeitweise von mehr als fünfzehn Katern umgeben, und der Akt verlief selten so reibungslos. Gewiß, nicht alle Kater, die einem Weibchen nachliefen, waren auf die Paarung gleich begierig. Von zehn Bewerbern versuchten jeweils nur vier, sie zu besteigen; die übrigen erstaunten uns immer wieder durch ihre Bereitschaft, dabeizusitzen und zuzuschauen. Aber auch mit nur vier ernsthaften Bewerbern mußte eine Katze oft beträchtliche Frustrationen und zweifellos auch physische Schmerzen erdulden, wenn alle vier an ihrem Nackenfell zerrten und eine gute Stellung zu erobern versuchten. Manchmal mußte sie bis zu fünfzehn Minuten solche Balgereien ertragen, bis sich endlich ein Kater mit ihr paaren

konnte. Die Tatsache, daß einige Katzen während ihrer Rolligkeit einen fast kahlen, geschwollenen und zuweilen sogar wunden Nacken hatten, beweist, welch rauher Behandlung sie unterworfen waren.
Die Kater ihrerseits litten zwar nicht körperlich, aber ihre Frustration war ebenso groß, wenn nicht noch größer als die der Weibchen, weil sie so viele waren. Ein Kater bestieg manchmal ein Weibchen und mußte seine Stellung nach wenigen Sekunden wieder aufgeben, weil ein zweiter den Nacken der Katze packte. Manchmal gab ein Kater auf, ohne von anderen bedrängt worden zu sein; anscheinend störte ihn deren bloße Gegenwart. Ein Kater, der als einziger Partner eines Weibchens sich bis zu zehnmal mit ihm paart, konnte deshalb im Katzenhaus von Glück reden, wenn es ihm ein- oder zweimal gelang.
Es gab natürlich auch Kater, die sich unter diesen schwierigen Bedingungen besser zu helfen wußten als andere, allen voran Nibu. Er mußte ein erstklassiges Geruchsorgan haben, denn er war unweigerlich der erste, der merkte, daß sich bei einem Weibchen die Brunst ankündigte. Er bildete auch stets die Vorhut der Gruppe, die den Widerstand des Weibchens zu brechen versuchte, und bekam deshalb oft schmerzhafte Krallenhiebe zu spüren. Das machte ihm nicht viel aus. «Aufdringlich» ist ein zu höfliches Wort für ihn. Er war – und soviel ich weiß ist es es noch immer – der unhöflichste Kavalier des Katzenhauses; er ging sogar so weit, Katzen, die ihn abwiesen, zu tyrannisieren.
Seine Entschlossenheit lohnte sich, denn häufig war er der erste, der eine Katze bestieg und begattete. War er einmal oben, konnte man ihn – im Gegensatz zu den meisten anderen – kaum mehr hinunterbugsieren. Während der «Saison» des Jahres 1979 entdeckte er überdies eine sehr wirksame Strategie, die er heute noch anwendet, um andere Kater auszuschalten, die ihm bei einem Weibchen zuvorgekommen waren. Er näherte sich von hinten, drängte den Kopf zwischen die beiden Partner, und wenn er weit genug vorgestoßen war, machte er einen Bukkel, so daß sein unglückseliger Rivale seitlich herunterfiel. Diese an sich einfache Technik lernten sehr wenige der anderen Kater. Katzen beobachten einander zwar unermüdlich, ahmen einander aber selten nach.
Dank seiner Entschlossenheit und seinem Geschick konnte Nibu oft eine Katze monopolisieren, solange er sich für sie interessierte.
Wanchan dagegen war Nibus Gegenteil. Während der ersten Brunstzeit im Katzenhaus hatte er sich ganz gut gehalten, aber dann legte er sich eine Gewohnheit zu, die ebenso kontraproduktiv war wie diejenige Nibus produktiv, und zudem komisch aussah. Er schien zwar stets begierig, sich zu paaren, zögerte jedoch immer mehr, ein Weibchen zu besteigen. Statt dessen stellte er sich auf die Hinterbeine und stützte sich mit den Vorderbeinen auf den Kater, der schon auf dem Weibchen war. So sah er aus wie ein Lehrer, der dem Kater unter ihm Instruktionen über die Finessen sexueller Technik erteilte. Er blieb oben, selbst nachdem der Kater zum Ziel gekommen war, und starrte unentwegt auf die schreiende Katze. Dieses etwas abwegige Verhalten prägte sich ihm ein, und 1982 stellte es sein ganzes sexuelles Repertoire dar. Bestimmt war die Überzahl williger Kater im Vergleich zu den empfänglichen Katzen schuld daran, wofür Wanchan nichts konnte, und es war unfair, ihn auszulachen. Trotzdem wurde er zur größten Attraktion der Brunstzeit.
Wenn wir schon bei seltsamen Verhaltensweisen sind, sollte ich wohl auch berich-

Mo, der nicht wirklich schläft, hat sich strategisch hinter Pe gelegt und wartet, bis sie aufwacht ... als es so weit ist, springt er auf die Rückenlehne des Sofas und fragt, ob sie in Stimmung sei ... Pe sagt nicht nein, sagt aber auch nicht ja ... Mo riskiert es ... Beide Katzen sind sehr erfahren, niemand stört sie, so ist der Akt schnell vorüber ... Nach dem Orgasmus greift Pe Mo an ... Fünfzehn Sekunden später möchte sich Mo zwar waschen, kann aber die Augen nicht von Pe abwenden, die sich noch immer in Ekstase windet.

Zwei Kater haben sich am Nacken eines Weibchens festgebissen. Der dritte, der sich unter sie schiebt, ist Nibu, seine Spezialtechnik, andere Kater zu vertreiben, demonstrierend.

ten, daß es im Katzenhaus Homosexualität gab. Mit diesem Ausdruck meine ich lediglich, daß Kater einander bestiegen. In den meisten Fällen war es nämlich zweifelhaft, ob sich der Kater überhaupt bewußt war, daß er ein anderes Männchen bestieg. Hätten diese «schwulen» Kater sprechen können, so hätten sie bestimmt beteuert, sie säßen auf einem Weibchen. Der bestiegene Kater ließ sich die Beleidigung meist nur gefallen, weil ihn der Nackengriff lähmte. Nach kurzer Zeit begann er jeweils zu protestieren, sich auf die Seite zu rollen und den Angreifer mit den Hinterpfoten wegzustoßen. Das genügte aber selten, einen entschlossenen Kater zu entmutigen; er versuchte es wieder und wieder. Kein einziges Mal sah ich, daß ein bestiegener Kater über seinen Angreifer wütend wurde. Besteigen ist offensichtlich kein Aggression hervorrufendes Verhalten.
Solche Vorfälle ereigneten sich meist zwischen Katern, die ein empfängliches Weibchen umgaben, gewöhnlich wenn sie warteten, bis sich die Katze paarungswillig zeigte. Es waren vorwiegend Jungkater, die sexuell noch wenig erfahren waren, manchmal auch ältere. In der Hitze des sexuellen Gefechts hatten sie offenbar das Unterscheidungsvermögen verloren, und wenn ihnen Befriedigung versagt blieb, weil eine Katze nicht mitmachte oder weil sie von anderen Katern monopolisiert worden war, warfen sie ihr Auge auf den nächstbesten möglichen Ersatz.

Nibu wird von Mike-modoki für seine Zudringlichkeit bestraft.

Das gilt auch für Kater, die gelegentliches Bestiegenwerden zu genießen schienen und andere Männchen geradezu dazu aufforderten. Solche Aufforderungen ergingen stets in einem Zustand sexueller Erregung: Die Kater drückten, indem sie die weibliche Rolle einnahmen, nur die bisexuelle Veranlagung aus, die man bei vielen Säugetieren einschließlich des Menschen findet. Im übrigen ist das nicht nur bei Männchen so. Ich hatte oft gesehen, wie läufige Hündinnen einander zu besteigen versuchten, und wußte, daß auch Kühe für solche Spiele berühmt waren. Als ich deshalb im Frühjahr 1981 ein junges brünstiges Weibchen sah, wie es sich Mo, einem der ihm nachstreichenden Kater, zuwandte und ihn bestieg, wobei es sein Nackenfell etwa fünf Sekunden lang gepackt hielt, war ich über sein Verhalten an sich nicht sehr erstaunt. Was mich überraschte, war, daß dies im Katzenhaus geschah, wo es den Weibchen nie an Verehrern mangelte. Dem fraglichen Weibchen folgten außer Mo noch etwa acht Kater.
Vielleicht einen der seltsamsten Vorfälle beobachtete ich während der Paarungszeit 1981. Pe, damals in Hochbrunst, hatte sich vor fünf Minuten gepaart und ging auf einem der Laufstege im zweiten Schuppen der schwach geneigten Leiter entgegen, die zum Verbindungsgang zwischen beiden Gebäuden führte. Sie hatte noch keine Lust zu einer weiteren Paarung und bedachte jeden Kater, der ihr zu nahe kam, mit einem warnenden Fauchen.
In diesem Augenblick miaute Cherry, ein etwa sieben Monate alter, noch nicht ausgewachsener Kater, ängstlich von der Höhe des Fensterladens im zweiten Schuppen herunter. Katzen stiegen häufig dort hinauf, fanden es aber, wenn sie ihre Forschungen beendet hatten, schwierig, wieder hinunterzukommen. Sie mußten entweder mehr als einen Meter weit auf die Leiter hinunterspringen, oder aber in der Horizontale dieselbe Distanz überbrücken, um zum Laufsteg zu gelangen, auf dem Pe daherkam. Beides nicht sehr schwer, aber junge Katzen, die mit den Örtlichkeiten noch nicht vertraut waren, zögerten oft lange vor dem Sprung. Cherry war eines von Pes Kätzchen des vorigen Sommers. Sobald sie seine Schwierigkeit begriff, vergaß sie die ihr folgenden Kater, hielt mitten auf der Leiter inne, schaute zu Cherry hinauf und antwortete auf seine Angstlaute mit den unverwechselbaren Rufen einer besorgten Mutter. Das erstaunte mich. Seit über drei Monaten hatte sie nicht das leiseste Zeichen mütterlichen Gebarens ihren Kätzchen gegenüber gezeigt, und plötzlich, mitten in ihrer Rolligkeit, bewies sie mütterliche Besorgtheit die halbe Minute lang, die Cherry brauchte, um den Mut zu einem Sprung auf den Laufsteg aufzubringen. Während dieser Zeit verzichteten die Kater auf Avancen, fast als ob sie Pes Gefühle verständen und respektierten.
Pe erkannte Cherry immer noch deutlich als ihr Kind, obschon sie normalerweise weder ihm noch seinen Geschwistern mehr Beachtung schenkte als irgendwelchen anderen Katzen. Und ich zweifle nicht daran, daß auch Cherry wußte, es war seine Mutter, die seine Rufe so gewissenhaft beantwortete. Aber da er sich schon lange selbständig gemacht hatte, bedeutete ihm ihre Teilnahme nicht viel. Als er den Laufsteg erreicht hatte, ging er in umgekehrter Richtung davon. Weit überraschender als die Tatsache, daß Pe Cherry trotz der großen Anzahl von Katzen im Gebäude erkannt hatte, war, daß sie zu diesem besonderen Zeitpunkt mütterliche Besorgtheit ausdrückte. Sonst war das Gegenteil die Regel. Weibchen wiesen unweigerlich ihre Kätzchen ab, wenn eine neue Brunst einsetzte, meist zwei oder

Ein Kater besteigt einen anderen Kater, der darüber nicht sehr glücklich scheint.

drei Monate nach der Geburt. Pes Verhalten war außerordentlich, und ich habe keine Erklärung dafür. Immerhin war der Zeitpunkt des Vorfalls bedeutsam; er spielte sich gerade nach einer Paarung ab, als Pe noch keine Lust auf eine weitere hatte. Da ihr sexueller Appetit momentan gestillt war, hatte vielleicht das in ihrem Kreislauf reichlich fließende Östrogen sie gegenüber Reizen, die mütterliches Verhalten hervorriefen, besonders empfindlich gemacht.

6 Unbeständige Liebhaber

Diese hektische Geschäftigkeit machte das Katzenhaus zur Zeit der Brunst mehr als lebhaft. Anarchie und freie Liebe schienen die Szene zu beherrschen. Wenn man aber näher hinsah, entdeckte man deutliche Muster im sexuellen Verhalten der Katzen. Folgende Tabelle beschreibt den Verlauf von Pes Brunst zu Beginn des Jahres 1980. Sie zeigt auf, welche Kater sich für sie interessierten und wie lange, und wieviele erfolgreiche Paarungen stattgefunden hatten. Die Aufzeichnungen sind keineswegs lückenlos, denn ich beobachtete Pe nicht 24 Stunden am Tag, ich habe jedoch unzählige Brunstperioden gesehen, und nach meiner Erfahrung ist diese hier durchaus typisch für ein beliebtes Weibchen und gibt die allgemeinen Verhältnisse ziemlich genau wieder.

Nicht jeder Kater paarte sich mit jedem rolligen Weibchen oder bewarb sich auch nur um sie. Pe war sehr beliebt bei den Katern, aber selbst sie zog nur neunzehn der damals im Katzenhaus befindlichen siebenundzwanzig geschlechtsreifen Kater an. Ihr Bruder Sha ließ sie diesmal links liegen, obschon er sich bei anderen Gelegenheiten mit ihr gepaart hatte. Auffällig war auch Gankos Abwesenheit, er verfolgte zu jener Zeit ein anderes junges Weibchen namens Choco. Mo verpaßte beinahe den Zug, weil er zwei fruchtlose Tage damit verbracht hatte, eine sehr uninteressierte Uko zu belästigen, die früher Mos Liebling gewesen war. Es kam oft vor, daß die Kater ihre Zeit mit Weibchen verschwendeten, die sie besonders gerne mochten, ob sie nun rollig waren oder nicht. Andere, die bei Pes Brunst fehlten, interessierten sich einfach für andere Weibchen, die auch rollig waren; dasselbe taten viele von Pes Partnern, wenn sie nicht gerade bei ihr waren.

Selbst wenn nur ein einziges Weibchen rollig war, gab es stets eine ganze Anzahl Kater, die sie ignorierten. Kater haben zwar den wohlverdienten Ruf, Weiberhelden zu sein, trotzdem ist es ihnen nicht gleichgültig, wen sie als Partner wählen. In natürlicherer Umgebung gibt es vermutlich Faktoren, wie zum Beispiel die Aufteilung der Territorien unter den Männchen, die die Partnerwahl stärker beeinflussen als persönliche Vorlieben oder Abneigungen. Auch in Pes Fall traf dies bis zu einem gewissen Grad zu: Waru wollte sich schon am zweiten Tag mit Pe paaren, die er immer gern gemocht hatte, ihm war jedoch bewußt, wie unbeliebt er bei den Katern war, und er zögerte, sich ihr zu nähern, solange sie von so vielen Rivalen umgeben war. Er erreichte sein Ziel am Ende des dritten Tages, aber als Mo sie am vierten entdeckte, mußte er wieder auf Distanz gehen.

Solche Rivalitäten beeinflußten das Paarungsverhalten nur sehr weniger Kater des Katzenhauses. Die meisten kamen gut miteinander aus oder waren einander gleichgültig; sie konnten sich deshalb auf das erwählte Weibchen konzentrieren, ohne daß die Anwesenheit anderer sie groß störte. Manche zeigten eine Vorliebe für bestimmte Tage der Brunstperiode eines Weibchens: Die einen bevorzugten die ersten zwei Tage, andere fühlten sich eher später angezogen. Wie ich schon beschrieben habe, war Nibu in dieser Hinsicht extrem: Er interessierte sich aus-

Tabelle über Pes Verehrer, den Zeitraum ihres Interesses und die Anzahl der beobachteten erfolgreichen Paarungen:

Paarungstag / Verehrer	Tag 1	Tag 2	Tag 3	Tag 4	Tag 5
Nibu	- - - xxxx -				
Panda	- - - - - - x -	xx - x - -			
Sabu	- - - x - x - -				
Wanchan	- - - - - - - - -	- - - - x - - - -			
Kenjiro	- - - - - - - - -	- - - - - - xx -			
Hige	- - - - - - - - -	- x - - x - - -			
Chiro	- - - - -	- - x - x - - -			
Mambo	- - - - -	- - - - - - - - x			
Chobikuro		- x - x - xx - -	x - - - -		
Kenbo		- - - - - - - x	- xx - - - x - - -		
Cocoa		- - - - - - - -			
Marshmallow		- - - - - - - - -	- x - x -		
Osato		- - - - x	- - - - -		
Ee		- - xx -	- x - - - - - - - -		
Waru		- - - - -	- - - - - - xx - x	- - - - -	
Hi		- - - x -	xx - - -		
So			- - - - - - x - x	- - - - -	
Mo				- x - x - - - xx - -	
Otochan				- - - - - - - xx	- xx - -
Verehrer pro Tag	8	14	8	4	1
Beobachtete Paarungen pro Tag	7	20	14	6	2

--- *zeigt an, wie lange jeder Kater an Pe interessiert war*
× *gibt erfolgreiche Paarung an*

schließlich für Weibchen, die am Anfang der Brunst standen. Die Tabelle zeigt, daß es ihm die Mehrheit der Kater gleichtat.

Die Weibchen hingegen zeigten sich oft in den ersten zwei Tagen der Brunst nicht sehr willig. Ungefähr vom dritten Tag an gefiel ihnen das Paarungsspiel immer besser, gerade wenn die Begeisterung der Kater dahinzuschwinden begann. Eine Katze im letzten Stadium der Brunst war oft ein mitleiderregender Anblick, sie mußte sämtliche Listen anwenden, um den letzten, halbherzigen Verehrer anzulocken. Sie zitterte vor Begierde, während sie ihn zu verführen suchte; sie rieb sich am Kater, stieß ihr Hinterteil gegen sein Gesicht, hob spontan den Rumpf, legte den Schwanz zur Seite und führte mit den Hinterbeinen Tretbewegungen aus, dann schaute sie zum Kater zurück und zirpte flehend. Und doch verfehlten solche Vorstellungen ihren Zweck häufig. Es kam mir stets paradox vor, daß, obwohl nie genug rollige Weibchen für den sexuellen Appetit der Kater verfügbar waren, das inbrünstige Locken eines Weibchens erfolglos bleiben konnte. Dem menschlichen Beobachter erschien das Verhalten der Kater fast als bewußt bösartig, indem sie gleichgültige Weibchen belästigten, aber solche, die sich sozusagen auf dem Teller präsentierten, mit Verachtung straften.

Was kann wohl der Grund für diese mangelnde Synchronisation der sexuellen Stimmungen bei Katern und Katzen sein? Professor Paul Leyhausen bemerkt in seinem wegweisenden Buch «Katzen – eine Verhaltenskunde», daß sich diese Erscheinung nicht nur bei den von ihm beobachteten Katzengruppen, sondern auch bei anderen Säugetieren beobachten lasse, so daß es unzulässig wäre, nur auf Grund von Hauskatzen eine Erklärung suchen zu wollen. Möglicherweise liegt die Lösung in der Tatsache, daß die hormonalen Abläufe, die die Brunst auslösen, ihre Zeit brauchen. Durch den Geruch des Urins werden die Kater darauf aufmerksam gemacht, daß sich im Körper der Katzen etwas verändert. Für die Weibchen würde es sich jedoch nicht auszahlen, paarungsbereit zu sein, ehe diese Veränderungen vollendet sind. Und ebenso, wie die hormonalen Abläufe Zeit zum Aufbau brauchen, brauchen sie auch Zeit zum Abbau: Die fortdauernde Begierde der Katze nach Paarung, lange nachdem die meisten Männchen das Interesse verloren haben, könnte sich daraus erklären. Der Abstand zwischen den ersten Zeichen der Brunst und der eigentlichen Paarungswilligkeit ist vermutlich auch von großem Vorteil für allein lebende Tierarten. Indem sie unwissentlich ihren Zustand bekanntmachen, noch ehe sie in Paarungsstimmung sind, ersparen sie sich die Mühe der Partnersuche.

Die Tabelle über Pes Brunstzeit zeigt zudem, daß kein Kater sie länger als zwei Tage umworben hatte. Ich glaube, die Kürze der Zeit, die sich ein Kater für ein Weibchen interessiert, hängt eng mit dem Ovulationssystem der Katzen zusammen. Katzen sind «induzierte» und nicht «spontane» Ovulatoren, das heißt, sie brauchen den körperlichen Stimulus einer echten oder nachgeahmten Paarung, um ein Ei zu entlassen. So ist es nicht nur bei den Hauskatzen und ihren wilden Verwandten eingerichtet, sondern auch bei Kaninchen, Spitzmäusen, Frettchen und anderen Marderarten, während eine große Anzahl von Säugetieren einschließlich Pferde, Kühe, Schafe, Hunde und wir selbst in der Höhe der Brunstzeit spontan ovulieren. Induzierte Ovulation kann für einsam lebende Tiere von großem Vorteil sein und kommt wahrscheinlich auch bei vielen anderen Säugetieren vor, insbesondere Einzelgängern. Möglicherweise ist induzierte Ovulation das ursprünglichere System.

Eine rollige Katze, die zu Katern Zugang hat und sich normal paaren kann, ist während etwa fünf Tagen empfänglich. Ist sie isoliert, kann die Brunst bis zu zwei Wochen dauern. Diese Verlängerung bei Ausbleiben der Paarung ist bei einsam lebenden Tieren notwendig. Für Tiere, die in Gruppen leben, ist es kein Problem, Partner zu finden, aber das gilt nicht für die weit verstreuten und einsam lebenden Vorfahren und Verwandten der Katze. Eine verlängerte Brunst des Weibchens erhöht die Chance seiner Entdeckung durch ein Männchen und damit der Empfängnis.

Ich möchte annehmen, die heftige Reaktion des Weibchens während der Paarung hängt mit dem Mechanismus der induzierten Ovulation zusammen. Die durchdringenden, dramatischen Schreie bleiben nie aus; sie sind zur Ovulation unerläßlich. Anders gesagt, ist bei induzierten Ovulatoren der Orgasmus des Weibchens für die Ovulation wesentlich und damit auch für die Fortpflanzung. Katzen

Mike-modoki fleht Ee an, sie zu besteigen, indem sie «zirpt» und vor ihm Position bezieht.

gelangen deshalb verhältnismäßig leicht zu Orgasmen. Wenn induzierte Ovulation tatsächlich das ursprünglichere System und der Hauptzweck des weiblichen Orgasmus die Auslösung der Ovulation ist, können wir annehmen, daß der weibliche Orgasmus bei spontan ovulierenden Arten nicht mehr so wichtig ist. Ein bißchen Vergnügen muß der Sexualakt diesen Weibchen trotzdem bereiten, damit sie zur Paarung willig sind, aber die höchst intensive Reaktion wie der schreiende Orgasmus der Katze scheint weniger nötig. Dieser Gedankengang wird bestätigt durch die bemerkenswerte Ruhe, die brünstige Stuten, Kühe, Schafe und Schweine bei der Kopulation zeigen – sie alle ovulieren spontan. Nach äußerem Anschein empfinden Katzen bei der Paarung weit größere Wonne als irgendwelche Spontan-Ovulatoren, die mir bekannt sind.

Die induzierte Ovulation bei Katzen hat wohl auch weitreichende Folgen für das Paarungsverhalten der Kater. Da die Paarung die Ovulation auslöst, ist Empfängnis schon nach wenigen Malen praktisch garantiert. Für das Männchen ist deshalb kein Vorteil damit verbunden, wenn es die ganze Brunstzeit über bei einem Weibchen bleibt. Hat es einen oder zwei Tage mit ihm verbracht und sich mit ihm mehrmals gepaart, tut es gut daran, sich weiter umzusehen und seine Aufmerksamkeit anderen Katzen zuzuwenden. Das Verhalten der Kater im Katzenhaus bestätigte diese Theorie. Da die Weibchen genügend Partner hatten und sich schon zu Beginn der Brunst paarten, dauerte diese vier bis fünf Tage; wie schon erwähnt bekundete jedoch kein Kater sein Interesse für ein empfängliches Weibchen länger als zwei Tage, gleichgültig, in welchem Brunststadium er begonnen hatte, es zu umwerben. Natürlich wurde manchmal das Schwinden des Interesses dadurch beschleunigt, daß andere Katzen in Hitze kamen, aber selbst bei Mangel an anderen brünstigen Katzen zeigten die Kater dasselbe Nachlassen, besonders, wenn sie sich mehrmals gepaart hatten. In Pes Fall zum Beispiel hatten Nibu und Sabu sie am ersten Tag monopolisiert, und schon am nächsten Morgen

Kater sind meist unbeständige Liebhaber. Es wäre aber auch nicht von Nutzen, allzu lange bei einem Weibchen zu bleiben.

war sie ihnen völlig egal. Es gab keine anderen rolligen Katzen, trotzdem suchten die beiden Kater mit unmißverständlichen Rufen nach einer. Als ich jedoch Nibu zu Pe trug und ihn direkt hinter sie setzte, beschnupperte er nur kurz ihre Vulva und schlenderte dann davon. Ich habe ähnliches mehrmals mit anderen Katern versucht, und das Resultat war immer dasselbe. War ein Kater eines Weibchens überdrüssig, konnte man ihn auf keine Weise dazu bringen, sich nochmals mit ihm zu paaren.

Selbstverständlich braucht induzierte Ovulation nicht der einzige Faktor zu sein, der ein solches Verhalten bestimmt. Auch die hohe Sterblichkeit der Kätzchen könnte erklären, warum Kater so weit herumschweifen, um so viele Weibchen als möglich zu befruchten. Daß die meisten Kater, im Katzenhaus wie im Freien, ausgemachte Schwerenöter sind, läßt darauf schließen, daß diese Strategie sich besser bewährt hat, als wenn sie bei einem bestimmten Weibchen blieben und die Kätzchen ernähren und beschützen hälfen – selbst wenn bei väterlicher Mitpflege mehr Kätzchen überleben sollten.

Es wäre ohnehin schwierig für einen Kater, vierundzwanzig Stunden am Tag bei einer brünstigen Katze zu bleiben. Wenn sie auf die Jagd ginge, könnte er ihr ja

Sechs Kater warten friedlich, bis Nougat, die dreifarbige Katze in der Mitte, ein Zeichen gibt, daß sie wieder zur Paarung bereit sei. Der Kater rechts ist etwas ungeduldig und versucht, einen Kollegen zu besteigen. Pandas Haltung, der oben wartet, spricht Bände.

folgen, aber vermutlich hätte er Schwierigkeiten, sie zu einem Streifzug zu bewegen, wenn er seinerseits Hunger verspürte. Und ließe er sie allein, so hätte sie die Freiheit, sich nach Lust und Laune mit anderen Katern zu paaren. Selbst wenn es dem Kater gelänge, stets an ihrer Seite zu bleiben, könnte er kaum Rivalen fernhalten, besonders, wenn sie zahlreich wären. Im Katzenhaus waren Kämpfe in der Nähe eines brünstigen Weibchens erstaunlich selten; kamen sie doch einmal vor, blieben sie beschränkt und erschienen eher halbherzig ausgetragen. Wenn sich zwei Kater böse anstarrten und grollten, spürte man förmlich, daß sie das Duell am liebsten abbrechen und zur Hauptsache zurückkehren wollten – dem brünstigen Weibchen. Daran taten sie gut, denn die übrigen Kater achteten überhaupt nicht auf sie, so intensiv konzentrierten sie sich auf das Weibchen. Je intoleranter ein Kater war, desto eher verdarb er sich die Chance zu einer Paarung.

Als ob dies den Katern bewußt wäre, zeigten sie in der Nähe eines rolligen Weibchens eine bemerkenswerte Toleranz. Daß sie einander alle kannten und daß besonders erbitterte Rivalen es vermieden, dem gleichen Weibchen nachzustreichen, trug wohl zur allgemeinen Friedlichkeit bei. Aber etwas im Ausdruck der werbenden Kater machte es mir schwer, diese Erklärung als die einzige anzunehmen. Waren sie nämlich nicht in unmittelbarer Nähe empfänglicher Weibchen, kämpften sie während der Paarungszeit eher mehr als weniger. Es kam mir so vor, als ob die totale Konzentration der meisten Kater auf das Weibchen ihre aggressiven Impulse hemmte. Sie vergaßen ganz, daß andere da waren, und behandelten einander nicht als Rivalen, sondern als bloße Hindernisse, die man überholte, umging, an- und wegstieß oder, bei homosexuellen Paarungen, als sexuellen Ersatz betrachtete. Das rollige Weibchen verblendete die Kater, und es schien, als müßten sie sich aus dessen Bannkreis entfernen, um wieder einmal richtig aufeinander losgehen zu können. Denkt man daran, wie schnell sie das Interesse an einem Weibchen verlieren, mit dem sie sich ein paarmal gepaart haben, so erscheint dieser Mangel an Aggression auch sinnvoll. Es wäre wenig logisch, an einem Tag um sein Weibchen zu kämpfen, wenn man es am nächsten den Kollegen überläßt.

Dieses Verhaltensspektrum könnte auch auf freilebende Katzen zutreffen, vielleicht etwas weniger ausgeprägt. Besonders in ländlichen Gegenden mit verhältnismäßig schwacher Katzenbevölkerung spielen wohl territoriale Gesichtspunkte eine große Rolle bei der Partnerwahl. Die Distanzen, die ein Kater auf der Suche nach einem Weibchen zurücklegen kann, sind begrenzt, deshalb kann er auch nicht eine Vielzahl von Katzen umwerben. Wenn keine andere lockt, mag er bei einem Weibchen bleiben, selbst wenn er sein sexuelles Interesse an ihm verloren hat (besonders wenn er, wie das oft vorkommt, sein Gebiet mit ihm teilt). Durch seine bloße Gegenwart hält er dann andere Kater fern. In großen Städten mit dichter Katzenbevölkerung jedoch können sich die Territorien von Katern stark überschneiden. Viele der dort ansässigen Kater stehen auf vertrautem, wenn nicht gar freundschaftlichem Fuß zueinander. Unter solchen Umständen könnte man wohl ähnliche Szenen beobachten wie im Katzenhaus. Da die Anzahl der Weibchen ebenfalls größer ist als auf dem Land, steht auch zu erwarten, daß Stadtkater stärker beschäftigt wären und die Weibchen ebenso rasch wechselten wie im Katzenhaus.

Rechts: Waisenkätzchen die Mutter zu ersetzen, war eine Arbeit fast rund um die Uhr. Ihre ersten Versuche, feste Nahrung zu sich zu nehmen, wa-ren – gelinde gesagt – eine Schmiererei.

Unten: Doch binnen kurzem waren die Otochan-achi tüchtige Esser geworden.

Die Kätzchen mochten chaotische Zustände.

Links oben: Das Leuchtturmspiel.

Oben: Das Land mit den Otochantachi zu erforschen, war eine denkwürdige Erfahrung. Hier versucht sich Hi im Klettern.

Links: Toco im Dschungel.

Unten: Fünf furchtsame, aber entschlossene Katzen am Strand.

Oben: «Du riechst nach Gras.» «Und du nach Fisch.»

Unten: Otochan mit einem neugierigen Shetlandpony.

Oben rechts: Toco will Spatzen fangen.

Rechts: Toco und Chi mit ihren ersten Würfen; «Großmama» schaut zu.

Unten rechts: Gemütliches Nickerchen im Katzenhaus.

Links: Es gab nun unzählige hochgelegene Plätze, wo sie sich zu allen Tageszeiten sonnen konnten.

Mitte links: Der Katzengarte bot ihnen wenigstens ein biß chen Natur. Und wie sie ihn liebten . . .

Unten links: Jetzt konnten s mit den anderen Bewohnern des Königreichs Morgengrü austauschen.

Unten: Die Blätter einer jap nischen Ranke namens mata tabi haben auf Katzen diesel be berauschende Wirkung w Katzenminze. Wir brachten ihnen ganze Ladungen davo aus dem Wald.

Harpo sonnt sich auf einem der Bäume im Garten.

Oben links: Das erste Anzeichen dafür, daß die Zeit der Paarung angebrochen ist: eine Menge von einem «heißen» Duft erregter Kater.

Mitte und unten links: Ihr nach!

Oben: Das brünstige Weibchen, Mu, ist die dritte Katze von oben, alle anderen sind hoffnungsvolle Kater.

Unten: Ein übereifriger Kater bekommt Mus Krallen zu spüren. Die anderen schauen zu, als wollten sie sagen: «Geschieht dir recht!»

Rechts: «Verschwinde, du Lüstling!»

Unten: Sobald das Weibchen zu schreien beginnt, denken die anderen Kater an Flucht.

Rechts: Wanchan demonstriert seine Marotte.

Oben links: Unerwartete mütterliche Reaktion. Pe hört die verzweifelten Rufe ihres sieben Monate alten Kätzchens Cherry und antwortet darauf, die ihr folgenden Kater vergessend.
Unten links: Das brünstige Weibchen ist die schwarzweiße Katze vorne. Fast alle anderen sind Verehrer. Aber sie wird nicht lange so beliebt sein.
Oben: Fumi versucht ihren letzten, halbherzigen Verehrer zu verführen.

Der weibliche Orgasmus – unerläßlich für die Ovulation?

In einer Hinsicht weichen meine Beobachtungen von denen anderer ab: in der Frage, ob die Katze ihre Partner selber wählen kann. Leyhausen* schreibt, die Wahl des Partners sei fast ausschließlich Sache der Katze, ob freilebend oder im Zwinger gehalten. Dies hält er für den Grund, warum ein dominanter Kater nicht alle Weibchen des Gebiets für sich beanspruchen und andere Kater von der Paarung abhalten kann. Ich kann mir gut vorstellen, daß die Katze eine Wahl treffen kann, wenn sie nur zwei oder drei Bewerber hat, und daß sie sich gegenüber einem ihr bekannten Kater bedeutend zugänglicher zeigt als gegenüber einem unbekannten. Im Katzenhaus gab es Katzen, die ihre Lieblingskater hatten und auch außerhalb der Brunst mit ihnen zusammen waren. Dabei spielte die Dauer der Vertrautheit eine größere Rolle als die Rangordnung. Mo, der dominante Kater im Katzenhaus, hatte zu Uko, Aya und seiner Schwester May warme Beziehungen; es waren alles Weibchen, mit denen er schon im Haupthaus zusammengelebt hatte. Außerhalb der Brunstzeit zeigte sonst kein anderes Weibchen Interesse für ihn, noch er für sie. Kam aber die Paarungszeit, schienen solche Freundschaften ebensowenig Einfluß auf die Partnerwahl zu haben wie die Rangordnung. Zeigte sich ein Weibchen einmal zur Paarung bereit, blieb ihm nichts anderes übrig, als den Kater zu akzeptieren, der es bestieg, denn es gab ihrer viel zu viele. Und nach dem üblichen Geschubse und Gedränge der Kater, war die Katze dem Kater, der sie befriedigen konnte, sicher herzlich dankbar. Bei den Katern im Katzenhaus hing eine erfolgreiche Paarung viel eher von der Entschlossenheit und dem sexuellen Geschick ab (Nibu ist da ein hervorstechendes Beispiel) als vom Rang des Katers oder von der Vorliebe der Katze.
Das Katzenhaus liefert auch Antworten auf Fragen, die bis heute offengeblieben sind. Eine solche stellt Leyhausen, nämlich «ob ein Kater gleichzeitig mehrere oder jeweils nur eine Katze umwirbt». Während der Paarungszeit waren im Katzenhaus oft mehr als zwei, gelegentlich bis zu sieben Katzen rollig. Die Kater hätten genügend Gelegenheit gehabt, mehrere Weibchen zu umwerben. Nur ein einziges Mal sah ich einen Kater, der eine solche Gelegenheit wahrnahm: Panda umwarb mit fünf oder sechs anderen ein Weibchen namens Nougat, das im zweiten Tag seiner Brunst war (d.h. es hatte sich am Vortag erstmals gepaart). Panda war ein sehr ungeduldiger Kater, und wenn das Weibchen seiner Wahl ein Nickerchen machte oder aus anderen Gründen nicht verfügbar war, pflegte er im Haus herumzuwandern, hier und dort zu sprühen und nach Weibchen zu rufen.
An jenem Tag spazierte Panda herum, während Nougat schlief. Auf seinem Weg begegnete er Mike-modoki, einem Weibchen, das er am Tag zuvor mehrmals begattet hatte. Es war in hoher Brunst und bat nachdrücklich um die Aufmerksamkeit jeden Katers, den es entdeckte, allerdings mit wenig Erfolg. Panda erlag der Versuchung, aber man konnte ihm beinahe ansehen, daß sein Herz anderswo war. Er vollzog den Akt pflichtschuldig, ohne sich irgendwelche Mühe zu geben, und als er vorbei war, blieb er nicht bei Mike-modoki, um ihr Lecken und Sich-Wälzen zu beobachten, sondern ging fast sofort zu Nougat zurück. Es ist zwar höchst wahrscheinlich, daß auch andere Kater des Katzenhauses solche Opportunisten waren, in der Regel jedoch zeigten unsere Kater sexuelles Interesse nur für eine Katze aufs Mal.

* P. Leyhausen, Katzen – eine Verhaltenskunde. Berlin 1982.

Was mich an den Paarungen im Katzenhaus am meisten beeindruckte war ihr Egalitarismus. Rivalitäten spielten zwar bei der Zusammensetzung der Katergruppen um ein brünstiges Weibchen eine winzige Rolle, hatten aber kaum Einfluß. Selbst die stärksten Kater zeigten keine Neigung, Weibchen mit Gewalt zu beschlagnahmen, und fast alle Kater konnten sich paaren, mit wem sie wollten, wenn sie die nötige Entschlossenheit und sexuelle Technik aufbrachten. Dies steht in scharfem Gegensatz zu vielen in Gruppen lebenden Tieren, wo männliche Rivalen oft aus der Gruppe verbannt werden oder an den Paarungen nicht teilnehmen. Diese sind den Stärksten vorbehalten. Starke freilebende Kater erobern sich vielleicht größere Territorien und können so mehr Weibchen umwerben. Aber in einer Gruppensituation nützt ihnen ihr Rang nichts.

7 Viel Getöse, wenig Blut

«Warum kämpfen Ihre Katzen soviel? Auch wenn sie in diesen zwei Schuppen eingeschlossen sind, haben sie doch eine Menge Raum zum Herumwandern und Spielen, genügend Nahrung, Wärme und Gesellschaft. Warum kämpfen sie denn so oft?»
Dies fragte mich eines Tages ein Besucher des Königreichs, der in der halben Stunde, die er im Katzenhaus verbracht hatte, Zeuge von drei Duellen zwischen Katern geworden war. Dieser Besucher war Dozent an einer hochgeachteten japanischen veterinärmedizinischen Fakultät, und es überraschte mich, daß er sich das aggressive Verhalten unserer Kater offensichtlich nicht erklären konnte. Aber auch viel höher qualifizierte Personen wie Psychologen und Soziologen lassen sich immer wieder dazu verleiten, Aggressionen ausschließlich als Reaktion auf äußere Umstände zu erklären. Die Frage des Dozenten enthielt Kritik; da mußte etwas, er wußte nicht was, an den Lebensbedingungen der Katzen sein, das Kämpfe auslöste. Theoretisch müßten dann die Kämpfe aufhören, wenn ich an diesen Bedingungen einiges ändern würde. Ich erklärte meinem Gast, daß Kater selbst noch im Paradies kämpfen würden, und wenn es mir möglich wäre, sie in einem weit größeren Katzenhaus zu halten, ließe sich die Anzahl der Kämpfe vielleicht vermindern, diejenigen, die dennoch stattfänden, wären aber fast sicher länger und gewaltsamer.
Kämpfe dauerten im Katzenhaus selten länger als fünf Minuten und endeten fast immer ohne körperliche Gewalt; sie waren ein spannungsgeladener, doch harmloser Austausch drohender Gebärden und Schreie. In der Vorstadt von Tokio, in der ich jetzt wohne, habe ich viele Konfrontationen gesehen (und noch mehr des Nachts gehört), jede dauerte über eine halbe Stunde, während der die Gegner drei- bis viermal aufeinanderprallten.
Ich erinnere mich auch lebhaft an die beiden Male, als ich, ein Neuling im Königreich, vergaß, eine Tür zuzumachen, und damit zweien der drei anwesenden geschlechtsreifen Kater eine Auseinandersetzung ermöglichte. Einer war Mo, der andere ein großer, alter, schwarzer Kater namens Brapants. Da nur eine Tür sie trennte, waren sich beide der Anwesenheit eines anderen bewußt und versuchten dauernd, sich miteinander anzulegen. Mein Mangel an Sorgfalt erlaubte ihnen die Erfüllung dieses Traums. Sie verzichteten auf jegliches Drohgehabe und gingen gleich mit Zähnen und Krallen aufeinander los, mit einer Heftigkeit, die die täglichen Duelle im Katzenhaus wie unschuldige Gesellschaftsspiele erscheinen ließ.
Wenn Aggression nur eine Reaktion auf bestimmte äußere Reize darstellt, wie läßt sich dann die aggressive Reaktion auf den Reiz, der von der Gegenwart eines anderen Katers wie im oben beschriebenen Fall ausgeht, erklären? Da handelt es sich doch um mehr als bloße «Reaktion», um etwas, das einen Appetit auf Aggression voraussetzt, der sich steigert, wenn er kein Ventil hat. Mit anderen Worten: Aggression ist ein innerlich erzeugter Trieb, der sich in seiner Spontanei-

Mo und Sha beschimpfen sich.

tät nicht grundsätzlich von den instinktiven Trieben unterscheidet, der Lebewesen essen oder sich paaren läßt. Wie der Anblick eines vollbeladenen Tisches das Auge eines Hungrigen entzückt und seine Speicheldrüsen anregt, während er das weit weniger tut bei jemandem, der soeben eine volle Mahlzeit genossen hat, so ruft der Anblick eines anderen Katers eine weit heftigere Reaktion bei einem alleingehaltenen Kater hervor als bei einem, der seine Feinde täglich sieht.

Für den Durchschnittsmenschen ist es nicht schwer einzusehen, daß der Trieb nach Nahrungsaufnahme oder Paarung der Erhaltung der Art dient, doch die von Kriegen zerrissene Geschichte der Menschheit und ihr heutiges Dilemma können berechtigte Zweifel an der arterhaltenden Funktion des Aggressionstriebes entstehen lassen. Eine der vielen Funktionen der Aggression ist jedoch die Regulation der Bevölkerungsdichte und -streuung von Tieren, damit das Land sie zu tragen vermag. Aggression ist deshalb für die Erhaltung der Art ebenso wichtig wie Essen und Vermehrung. Durch sie werden Territorien errichtet und Rangordnungen geschaffen, und sie bewirkt auch, daß Tiere Grenzen und Verhaltensregeln meist respektieren.

Kämpfen heißt nicht unbedingt töten. Eine Art, deren Individuen einander konsequent bis auf den Tod bekämpften, würde sich selber auslöschen. Der Zweck der Aggression innerhalb der Art ist nicht, den Feind umzubringen, sondern ihn von der eigenen Überlegenheit zu überzeugen, ihm zu zeigen, wer man ist, und ihn loszuwerden. Tiere haben verschiedene Mechanismen entwickelt, ihre Streitigkeiten mit möglichst geringer Verletzung der Kämpfenden zu regeln. Je besser sie zum Töten ausgerüstet sind, desto notwendiger werden Verhaltensmechanismen, die verhindern, daß Artgenossen verletzt werden. Deshalb beobachten wir ritualisiertes Drohgebaren, spezialisierte Kampftechniken und aggressionshemmende Besänftigungsgesten am deutlichsten bei Raubtieren.

Vier Garnituren nadelscharfer Krallen und ein kräftiges, von vier ebenso scharfen Eckzähnen bewehrtes Gebiß machen die Katze zu einem gut bewaffneten Tier, und es überrascht deshalb nicht, daß sie ein kompliziertes Drohgebaren mit stark stilisierten Körperhaltungen, Gesichtsausdrücken und Lauten entwickelt hat. Es ermöglicht den Gegnern, die Kraft und Entschlossenheit des anderen abzuschätzen und einen Konflikt ohne körperlichen Kontakt auszutragen. Beim ersten Mal freilich werden die Feinde einander nicht nur beschimpfen, sondern beißen und kratzen, wie dies auch bei Katern geschieht, die einzeln gehalten werden und deren Aggressionstrieb sich aufgestaut hat. Die meisten Duelle zwischen Katern zeichnen sich jedoch durch äußerste Vorsicht und durch die strikte Beachtung des Gesetzes aus, wonach Feinde ihr Möglichstes tun müssen, Streit durch Beschimpfungen auszutragen und körperliche Maßnahmen nur im Notfall anzuwenden. Wie jeder Liebhaber von Katzen kann ich es nicht mit ansehen, wenn zwei Kater einander zu Fetzen zerreißen, muß aber zugeben, daß ich ein leidenschaftlicher Fan von Katerduellen bin. Es scheint mir bewundernswert, wie die Tiere körperliche Verletzungen so wirkungsvoll zu vermeiden imstande sind. Außerdem sind darin Drama, Spannung und sogar Schönheit enthalten wie in allen anderen Naturschauspielen. Jedes Jahr wurde ich im Katzenhaus Zeuge von über tausend Duellen und wurde es doch nie müde, ein weiteres zu beobachten.

Ein starker und selbstbewußter Kater, der sich auf einen Gegner zubewegt, kann prachtvoll anzusehen sein. Er streckt und versteift seine Beine und nähert sich mit langsamen, gemessenen Schritten, geht dabei nicht direkt auf seinen Feind zu, sondern zeigt sich von der Seite, als wolle er ihm mit seinem Körperbau imponieren. Er hält den Schwanz steif in einer Haltung, die einem umgekehrten großen L gleicht; das körpernahe Viertel steht waagrecht als Fortsetzung des Rückgrats, die körperfernen drei Viertel zeigen zum Boden (dies gilt natürlich für Kater mit einem Schwanz von voller Länge, was bei japanischen Katzen nicht oft vorkommt). Die Pupillen eines wirklich selbstbewußten Kämpfers sind wenig geweitet, die Ohren stehen aufrecht, leicht nach hinten geneigt und an der Basis verdreht, so daß die Rückseiten nach vorne zeigen.

Steht er etwa zwei Meter vor seinem Gegner, dreht er sich um und geht direkt auf diesen zu. Dabei wird er zuweilen noch langsamer. Bei jedem Schritt schwingt der Kopf mit, die Augen bleiben jedoch starr auf den Gegner gerichtet. Spätestens jetzt gibt der Angreifer Laute von sich, eine drohende Mischung zwischen Grollen und Heulen – Zeitpunkt und Lautqualität hängen stark von seinem Selbstbewußtsein und von der Reaktion seines Gegners ab. Erregung ruft starke Speichelabsonderung hervor, und sein Geheul endet manchmal mit einer Art Gurgeln, da er schluckt, um den Speichel in seinem Mund loszuwerden.

Einen Meter vom Gegner entfernt, verzichten nur die stärksten Kater darauf, ihren Schwerpunkt nach hinten zu verlegen; die meisten beugen die Hinterbeine und senken ihr Hinterteil. Damit ist der Kämpfer sprungbereit und hat gleichzeitig die Möglichkeit zur Verteidigung, da er nun besser eine Vorderpfote erheben kann, wenn ein Gegenangriff droht. Sein Schwanz zuckt nach beiden Seiten – vielleicht soll das den Feind ablenken. Da dies ein Bestandteil des Drohgebarens ist, führen es selbst Katzen mit Stummelschwänzen aus, obwohl es wenig Sinn hat.

Danach gibt es verschiedene mögliche Fortsetzungen. Der Angreifer kann plötz-

Sabu kämpft mit Ganko. Aber diese Art von Gewalt war im Katzenhaus nicht üblich.

lich auf seinen Gegner losspringen oder aber in seiner Haltung verharren und ihn mit Grimassen und Grollen weiter bedrohen. Wenn er findet, er habe seinen Standpunkt klargemacht und er wolle die Sache nicht weiter verfolgen, wird er nach und nach aufhören zu drohen und schräg davongehen, wobei er seinen Gegner stets im Auge behält. Oder er bleibt sitzen, schaut weg, beschnuppert ringsum den Boden, um seinem Gegner einen vorsichtigen Rückzug zu ermöglichen. Sein Verhalten hängt nicht nur von seiner Entschlossenheit ab, sondern auch von der Reaktion des Gegners, denn bei einer körperlichen Auseinandersetzung wird sich selbst ein schwacher Gegner wütend verteidigen und oft ebensoviel austeilen, wie er bekommt.

Wenn Kater von ungefähr gleichem Rang duellieren, spiegeln sich die Gebärden und Laute der beiden oft so genau, daß sie einander nahe genug kommen, um sich buchstäblich gegenseitig ins Maul zu starren oder in die Ohren zu heulen, jeder gleichermaßen entschlossen, nicht nachzugeben. Ich erinnere mich besonders an Shas Duelle mit Panda als dramatische Beispiele solch rasiermesserscharfer Konfrontationen. Sha besaß die prächtigsten Eckzähne im ganzen Katzenhaus, und mehr als einmal sah ich, wie er diese Zähne ganz langsam auf einen Millimeter Distanz von Pandas Pelz brachte, während sie sich in die Ohren heulten. Aber selbst wenn ihre Barthaare sich berührten, die beiden Rivalen gingen selten weiter.

Wenn zwischen zwei duellierenden Katern ein markanter Rangunterschied besteht, nimmt der schwächere eine Haltung ein, die deutlich Minderwertigkeit anzeigt, aber doch auch klar macht, daß er sich mit allen Mitteln verteidigen wird, sollte der Angreifer Ernst machen. Er weiß instinktiv, daß er bei einem Fluchtversuch verfolgt würde und daß ihm ein Verharren am Ort die beste Chance bietet, die Drohung zu überstehen und einen körperlichen Angriff abzuwenden. Manchmal flieht er und sucht Deckung oder einen Ort, an dem er sich besser verteidigen zu können glaubt. Wenn er Glück hat, verfolgt ihn der Angreifer nicht, doch nach meiner Erfahrung können die meisten Katzen dem Anblick eines fliehenden Gegners nicht widerstehen und jagen ihn, bis sie ihn gezwungen haben, umzudrehen und sich zu verteidigen. Gewohnheitsmäßige «Flüchtlinge» tragen die Zeichen ihrer Feigheit: Narben an Hinterbeinen, Schwanz und Hinterleib – ein Beweis, daß Flucht nicht die beste Strategie ist.

Flieht ein schwacher Kater nicht, so duckt er sich, während sein Feind langsam und vorsichtig, wie oben beschrieben, herankommt; die Ohren hat er flach zurückgelegt. Ein Erguß von Adrenalin, die Folge seiner Angst, läßt sein ganzes Körperhaar aufstehen, und seine Pupillen weiten sich. Kommt der Gegner näher, so wird sein anfängliches Fauchen und Grollen zu durchdringenden Angstschreien.

Interessanterweise wird der Angreifer stiller, je mehr sein Gegner schreit; er nähert sich schweigend und erscheint dadurch dem menschlichen Auge noch drohender und böser. In Wirklichkeit wird jedoch der Angreifer immer vorsichtiger, je extremer die Verteidigungshaltung des Angegriffenen wird. Erhebt dieser eine Pfote, um zuzuschlagen, so bleibt er unweigerlich stehen und erhebt ebenfalls eine Pfote. Er sieht nicht mehr so selbstsicher aus, besonders, wenn sich der Angegriffene jetzt auf die Seite rollt und erst die Hinter-, dann die Vorderbeine freimacht, um einen äußerst wirksamen Schild gegen den Angriff zu bilden. Ein stärkerer Kater, der nicht eine so extreme Verteidigungshaltung einnimmt, ist weniger unnahbar. Beim Anblick von vier Garnituren gezückter Krallen zögert fast jeder Angreifer, und körperliche Auseinandersetzungen sind in einer solchen Situation ebenso rar, wenn nicht noch rarer als bei Duellen gleich starker Kater.

Zwischen diesem Verhalten und seinem Gegenteil, wenn ein Kater aggressive Drohungen mit ebensolcher Aggression beantwortet, gibt es alle möglichen Varianten: Winkel der Ohren, Grad des Sichduckens, Laute, Pupillenerweiterung usw. lassen auf den Rang des Katers im Vergleich zu seinem Gegner schließen.

Erfolgt ein Angriff, so versucht ein Kater ihn zuerst mit dem Schild seiner Krallen abzuwehren. Selbst ein im Stehen attackierter Kater reagiert blitzschnell auf den Sprung seines Gegners und schafft es gewöhnlich, sich auf die Seite zu rollen. Durchbricht der Angreifer den Schild, so ändert der Angegriffene seine Taktik und zieht den Feind mit den vorderen Krallen eng an sich heran, während er mit den hinteren Krallen möglichst viel Schaden anrichtet; seine Zähne vergräbt er gleichzeitig im Feind, wo immer er kann – gewöhnlich in Ellbogen, Schultern, Hals oder Stirn.

Der Angreifer macht natürlich genau dasselbe. Ein paar Sekunden lang ist die Hölle los, die Kämpfer rollen sich, machen Buckel, beißen, strampeln, grollen und reißen ganze Büschel von Pelz aus. Hundekämpfe sind im Vergleich dazu

Sha ging regelmäßig sehr nahe an Panda heran, aber selten weiter.

zahm; vielleicht ist das der Grund, warum sie viel länger dauern. Hunde haben schließlich als einzige Waffen Zähne. Da bei Katzen auch Krallen mitspielen, ist es kein Wunder, daß sie körperliche Auseinandersetzungen kurz zu halten pflegen. Wenn sie sich trennen, springen sie meist so plötzlich auseinander, wie sie zusammenkamen. Oft nehmen sie dann dieselbe Haltung ein wie vor der Rauferei. Ein schwacher Kater rollt sich also sofort wieder auf die Seite und streckt die Krallen aus. Im Gegensatz zu Hunden kennen Katzen keine eigentliche Besänftigungsgeste; ein besiegter Kater kann sich nicht vor dem Gegner hinlegen, sondern muß fortfahren, sich zu verteidigen. Aber meist genügt just das, um in Fällen, wo der erste Angriff nicht abgewendet werden konnte, einen zweiten zu vermeiden.
Ausnahmslos ist es der hochrangigere Kämpfer, der den Schauplatz als erster verläßt, da der unterlegene Kater normalerweise starr in der Verteidigungshaltung verharrt. Im Katzenhaus kamen dann oft andere Katzen, um die Stelle zu beschnuppern, wo ein Duell stattgefunden hatte; sie wurden wohl angezogen vom Geruch des Schweißes, den die Kämpfer während des Duells abgesondert hatten. Manche Katzen, meist Weibchen und junge Katzen beiderlei Geschlechts, gingen sogar während des Kampfes zu den Katern und interessierten sich für die Gerü-

che, die den Analdrüsen entströmten – was die Kämpfer kaum je ablenkte. Andere Kater dagegen blieben den Kämpfenden lieber fern.
Die Weibchen im Katzenhaus spuckten einander gelegentlich an und zückten die Krallen, aber ich könnte die Anlässe, an denen zwei Katzen in Katermanier kämpften, an den Fingern abzählen. Trotz ihrer Seltenheit bewiesen solche Duelle, daß auch Weibchen dieses Repertoire instinktiven Drohgebarens besitzen, die Auslöseschwelle liegt jedoch viel höher als bei Katern. In nur einem der von mir beobachteten Weibchenkämpfe wurden Zähne und Krallen gebraucht, und alle waren sehr einseitig. Der Grund dafür schien jeweils kaum mehr als ein Überwältigtwerden vom Aggressionstrieb zu sein, den sie an einem beliebigen, unglückseligen Weibchen auslebten, das sich eben in der Nähe befand. Ich fand nämlich kein System in der Wahl des Angriffsziels. Kurokasan, die ich viermal eine Rauferei anzetteln sah, wählte jedesmal eine andere Gegnerin. Sie war Warus Schwester und schien dessen Angriffslust ebenfalls zu besitzen.
In meinen Augen hatten die angegriffenen Weibchen nichts getan, was den Überfall rechtfertigte. Sie waren dementsprechend überrascht und angstvoll und zeigten kein Interesse daran, die Drohungen der Angreiferin zu erwidern, sondern duckten sich tief und blieben in Verteidigungshaltung, bis ihre Quälerin aufhörte.
Gemäß meinen Notizen endete nur eines von dreißig Katerduellen mit körperlichem Kampf. Vielleicht liegt die Rate bei freilebenden Katern höher, dennoch kann man annehmen, daß das Drohgebaren einen bemerkenswert wirksamen Mechanismus darstellt, um Streitigkeiten ohne Blutvergießen beizulegen. Obwohl kein Blut floß, genügten die häufigen lautstarken Auseinandersetzungen, um viele Besucher davon zu überzeugen, daß unsere Kater einen außerordentlich kampflustigen Haufen bildeten. Ich muß zugeben, daß auch ich zunächst nicht

Wenn zwei Weibchen zu fauchen und nacheinander zu schlagen beginnen, suchen die meisten Kater das Weite.

bemerkte, welche Maßnahmen die Kater ergriffen, um sogar harmlose Konfrontationen zu vermeiden. Viele Duelle wurden absichtlich von einem der beiden Partner angezettelt, aber ebenso viele entstanden aus zufälligen Begegnungen an den «blinden Stellen» des Katzenhauses: Zwei Kater standen einander plötzlich im Eingang zu einer Passage gegenüber, oder beim Umrunden eines Möbelstückes, und glaubten sich behaupten zu müssen. Ich hatte den Eindruck, die meisten Duelle hätten sich vermeiden lassen, wären die Möbel und anderen Strukturen aus Glas gewesen. Die genaue Beobachtung der Wege der Kater machte mir klar, wie gut Katzen einander über eine Distanz von mehreren Metern erkennen und wie begierig die Kater meist waren, Kämpfen aus dem Weg zu gehen.
Ich glaube, für jeden auftretenden Streit gab es zehn vermiedene, weil die Kater die Augen offenhielten und sich bemühten, Rivalen nicht zu begegnen. Oft kehrte ein Kater um, wenn er einen Rivalen, sogar niedrigeren Ranges, bemerkte, oder machte einen Umweg. Wenn Panda herumschlenderte und Sha auf sich zukommen sah, änderte er ruhig und entschlossen die Richtung, Sha stets im Auge behaltend. Sha seinerseits tat dergleichen, er habe Pandas Manöver nicht gesehen, fast als ob er dessen Stolz schonen möchte. Wenn sie Hindernisse umrundeten, hielten sie oft großen Abstand von den Ecken, um unerwünschten Begegnungen aus dem Weg zu gehen. Je vertrauter ich mit den Rivalitäten der Kater wurde, desto häufiger fiel mir solches Benehmen auf.

Bei kurzen Distanzen vollzieht sich die «Verkehrsregelung» der Katzen visuell; für längere haben sie einen anderen Mechanismus zur Verfügung. Ich meine natürlich das Sprühen. Sowohl Kater wie Weibchen spritzen Harn, letztere aber nur selten. Weibchen wilder Katzenarten sprühen eher häufiger als die Männchen, so daß man annehmen kann, die Seltenheit dieses Verhaltens bei Hauskatzen sei eine Folge (eine sehr angenehme!) der Domestizierung. Die Tatsache, daß kastrierte Kater mäßig oder überhaupt nicht sprühen, läßt darauf schließen, daß das Verhalten mit dem männlichen Sexualhormon Testosteron zusammenhängt, aber Sprühen und Sexualverhalten haben wenig miteinander zu tun. Denn Kater spritzen unaufhörlich das ganze Jahr hindurch; während der Paarungszeit steigert sich das nur wenig. Am leichtesten fällt ihnen das Sprühen direkt rückwärts an einen senkrechten Gegenstand, und so sind ihre beliebtesten Ziele Pfosten, Baumstämme, Mauern, Autoreifen etc. Aber sie kauern auch nieder und besprühen eine Stelle am Boden oder einen Gegenstand, der ihrer Aufmerksamkeit besonders würdig scheint.
Vor dem Sprühen reiben sich Kater oft an einem Gegenstand mit Kinn, Stirn oder sogar Schwanz, also mit den Körperteilen, die mit Duftdrüsen versehen sind. Die Kater im Katzenhaus stellten sich oft auf die Hinterbeine und rieben ihr Kinn höher oben, als sie nachher sprühten, vielleicht, um die beiden Arten von Markierung voneinander zu trennen und so die Wirksamkeit zu erhöhen.
Man glaubt – genaue Beweise sind schwer erhältlich – diese Sprüh- und Duftmarkierungen informierten andere Katzen über Identität und Bewegungen des Markierenden und spielten deshalb eine Rolle beim Verteidigen des Territoriums. Katzen stützen sich zweifellos auf solche Nachrichten, wenn sie umherschlendern. Sie reagieren jedoch auf diese Markierungen nicht mit Furcht, sondern

untersuchen sie gemächlich und sprühen oft darüber, ehe sie weitergehen, so daß man annehmen muß, die Zeichen hätten nur Nachrichtenwert und seien keine «Zutritt verboten»-Schilder. Ich habe schon erwähnt, daß sich die Territorien von Katern stark überschneiden können, wobei verschiedene Kater zu verschiedenen Zeiten die gleichen Wege benutzen. Sprüh- und Duftmarkierungen werden wohl bei der Verkehrsregelung gemeinschaftlicher und grenznaher Örtlichkeiten eine wichtige Rolle spielen.

Instinktives Verhalten, das einer Art über Millionen von Jahren nützlich war, verschwindet nicht, wenn es nicht mehr nötig ist. Das war auch der Fall bei unseren Katern. Auf so kleinem Raum waren die Informationen, die sie aus der gegenseitigen Zeichensetzung entnehmen konnten, überflüssig und wahrscheinlich, bei der großen Anzahl sprühender Kater, kaum zu entziffern. Das beeinflußte das Verhalten der Kater überhaupt nicht; sie sprühten unaufhörlich. Wie bei anderen Verhaltensweisen hatten sie dabei unterschiedliche Gewohnheiten. Sha, ein eher träger Kater, sparte seine Flüssigkeit für ein langes, reichliches Spritzen auf, während Sabu unermüdlich sprühte, sogar dann noch, wenn er nur einen oder zwei Tropfen übrig hatte. Auch die Stellen, die besprüht wurden, waren verschieden; manche Kater riskierten Hals- und Beinbruch, um einen bestimmten Ort zu bespritzen. Die Stützbalken, die in einer Höhe von fast drei Metern die zylindrischen horizontalen Träger mit der Dachkonstruktion verbanden, waren ein solches Ziel. Um sie zu markieren, mußte ein Kater auf den 10 cm breiten Tragbalken hinausmarschieren, sich dann um 180 Grad drehen, um sein Hinterteil auf den Stützbalken auszurichten. Ich sah, wie manche Kater dieses Manöver mehrmals täglich erfolgreich ausführten. Während fünf Jahren verloren jedoch mehr als fünfzig Tiere das Gleichgewicht und stürzten, nach verzweifeltem Bemühen, wieder hochzukommen, auf den Zementboden. Ich bin sicher, alle Kater waren sich der Gefahr bewußt, aber selbst diejenigen, die gestürzt waren, versuchten es immer wieder.

Mit der Zeit wurde die Häufigkeit des Spritzens ziemlich konstant, wie es bei einem instinktiven Verhalten zu erwarten war. Gewisse Situationen erforderten jedoch ein besonders eifriges Sprühen. Kam ein neuer Gegenstand ins Katzenhaus, wie etwa eine Kartonschachtel, ein neues Möbelstück oder das Hosenbein eines Besuchers, wurde es augenblicklich von einer ganzen Reihe von Katern gekennzeichnet. Verfolgten sie ein brünstiges Weibchen, so vergaßen sie nicht etwa das Sprühen, sondern führten es eher noch öfter aus; oft unterbrachen sie die Verfolgung, um schnell hier oder dort zu spritzen. Nach einem Duell sprühten Sieger und Besiegter, kaum waren sie außerhalb der gegenseitigen Reichweite; möglicherweise besänftigt das Verhalten die angespannten Nerven.

Das alles war interessant, aber ich muß zugeben, daß ich manchmal mit Wonne sämtliche Kater kastriert hätte, um diese Gewohnheit abzustellen. Solche Wutausbrüche hatte ich, wenn mein unbedeckter Kopf oder mein Gesicht von warmem Urin berieselt wurde, den ein gänzlich unschuldiger Kater auf ein fremdes Ziel hoch auf dem Laufstieg versprühte. Doch das war mehr ein Auslöser meines Unmutes, nicht die Ursache. Wurden andere Körperteile angesprüht, machte mir das nicht viel aus. Wer das nicht aushielt, konnte nicht lange Katzenwärter sein, denn diese täglichen «Ölungen» gehörten zum Berufsrisiko. Gummistiefel schützten mich zu 90 %, da absichtliches Bespritzen meist vom Boden aus erfolg-

Jerry bringt es fertig, den Pfosten zu besprühen. Viele Katzen waren heruntergefallen, als sie dies versuchten.

Otochan gibt mir eine «Ölung» – ein Berufsrisiko.

te. Ich war auch immun gegen den Ammoniakgeruch, mit dem die Kater das Gebäude durchtränkten. Und doch genügte dieser Geruch, um viele Besucher, sogar erklärte Katzennarren, vom Betreten des Katzenhauses abzuhalten.
Mehr als der Geruch oder persönliche Unannehmlichkeiten störte mich der Schaden, den diese Gewohnheit an Gebäude und Möbeln anrichtete, wie auch die Nachteile für die Katzen selbst. Katzenurin kann stark korrodieren, und seine Wirkung wurde mit der Zeit und dem Anwachsen der Katerpopulation immer augenfälliger. Binnen achtzehn Monaten waren die Drahtgitter vor den Eingängen und Fenstern stellenweise von Rost zerfressen, und ich mußte sie durch besonders kräftige, plastiküberzogene Gitter ersetzen. Binnen zwei Jahren sahen wir durch besonders beliebte Sprühplätze in den Wellblechwänden das Tageslicht schimmern, obschon sie mit Farbe überzogen waren; solche Wandstellen mußten wir ersetzen und innen mit Brettern schützen, damit das Gleiche nicht nochmals passierte. Im Garten erwies sich der Katzenurin längs der Wand und an anderen Stellen als ein viel zu scharfer Dünger; obwohl wir häufig Wasser darauf gossen, wurde das Gras braun und gab schließlich den Geist auf.
Je mehr Kater wir hatten, desto mehr wuchsen Zahl und Vielfalt der Sprühobjekte: die leeren Futtergeschirre, die Schüsseln mit Katzen-Trockenfutter und sogar die beiden großen Wasserschalen wurden zu Opfern der Kater. Wir nahmen schließlich die Futtergeschirre weg, kaum waren sie ausgeleckt, wechselten das Wasser dreimal täglich und das Trockenfutter jeden zweiten Tag. Die Reste des beschmutzten Futters zerdrückten wir und gaben sie den Hühnern zu fressen, die sie mit Wonne aufpickten und denen es augenscheinlich nicht schadete. Auch die Strohlager für die Winterbetten waren ein beliebtes Ziel – sobald es warm genug war, mußten deshalb die Katzen ohne Stroh auskommen. Das Sprühen hatte nur eine gute Seite: Ich brauchte das Sägemehl in den Kisten nicht so oft auszuwechseln, wie es der Fall gewesen wäre, hätten die Kater sie regelmäßig benützt. Im Hinblick auf all die Ungelegenheiten, die diese höllische Gewohnheit verursachte, war ich herzlich dankbar, daß die Weibchen im allgemeinen auf das Sprühen verzichteten, und wünschte oft und lautstark, daß die Domestizierung auf die Kater ebenso wirken würde. Viele Besitzer unkastrierter Kater werden mit mir einig sein.

Obwohl kämpfende Katzen keine typische aggressionshemmende Unterlegenheitsgeste kennen wie Hunde, machen sie von solchen Gesten außerhalb der Kampfsituation eifrigen Gebrauch, um Aggression zu hemmen und freundschaftlichen Kontakt mit anderen Katzen herzustellen. Jeder Katzenbesitzer kennt die Art, in der sich sein Tier nähert und Kinn und Flanke gegen die Beine des Menschen reibt, um Aufmerksamkeit bittend wie ein Kätzchen seiner Mutter gegenüber. Eine erwachsene Katze gebraucht dieselbe Taktik einer Bekannten gegenüber und hält als Zeichen ihrer freundschaftlichen Gesinnung den Kopf zum Waschen hin. Kater und Katzen sind empfänglich für solche Aufforderungen und reagieren sogar dann, wenn sie eigentlich keine Lust haben. Oft führen solche Annäherungen zu gegenseitiger Pflege, nachher legen sich die Katzen gemeinsam nieder.
Auch sonst tritt zuweilen kindliches Verhalten auf. Einmal sah ich Mo, der für gewöhnlich sehr ernsthaft war und fast nie spielte, wie er plötzlich mit Ayas

Schwanz zu spielen begann. Er hatte Aya schon immer gern gemocht und war ihr an jenem Morgen überallhin gefolgt – mit deutlich romantischer Absicht. Aya, die gelegentlich noch ihre Kätzchen säugte, die sie drei Monate zuvor geboren hatte, war damals nicht in Hitze und hatte Mo fast vollständig ignoriert. Interessant ist, daß Mo in dem Moment «Kind spielte», als eines von Ayas Kätzchen die Aufmerksamkeit der Mutter zu erregen versuchte. Als ob Mo beim Anblick der warmen Reaktion Ayas ihrem Kind gegenüber den Einfall gehabt hätte, auch er könne ihr Herz gewinnen, wenn er sich wie ein Kätzchen benahm. Bei jener Gelegenheit hatte er keinen Erfolg; aber Elemente kindlichen Verhaltens in der Liebe sind nicht selten – nicht nur bei Katzen, sondern bei Säugetieren überhaupt. Zwei «verliebte» Hunde spielen und springen oft miteinander herum, wie es Welpen zu tun pflegen.

Kindliches Verhalten, das Harmlosigkeit und Verwundbarkeit symbolisiert, verhindert Aggression, und man darf erwarten, daß es deshalb nicht nur eingesetzt wird, um sexuelle Gunst, Wärme oder Pflege zu erlangen, sondern auch um stärkere Artgenossen von der eigenen Unterlegenheit zu überzeugen. Tatsächlich beobachteten wir im Katzenhaus oft, wie junge Kater von den Älteren Aufmerksamkeit erheischten, sich an ihnen rieben, die Nase gegen ihr Gesicht stießen undsoweiter. Die Beziehungen zwischen jungen und älteren Katern waren im allgemeinen sehr entspannt. Gelegentlich sahen wir dieses Verhalten aber auch zwischen erklärten Feinden.

Der Vorfall, der mir am lebhaftesten im Gedächtnis blieb, betrifft Ee und Sha. Eines Tages steuerten die beiden Mo an, den sie sonst mieden, und brachten ihn

Mo spielt «Kätzchen», um sich Aya geneigt zu machen.

dazu, sie zu waschen. Der Zeitpunkt, zu dem das geschah, war nicht zufällig gewählt: Es war direkt nach der Fütterung, und Mo, mit vollem Bauch, war bester Laune und verspürte wie alle Katzen nach dem Essen den Drang, zu waschen und zu lecken, sich selbst und jede andere Katze, die sich im Bereich seiner Zunge aufhielt. Er tat deshalb den beiden Katern den Gefallen, sie zu waschen, und schien dabei kaum zu realisieren, wer sie waren. Dies geschah etwa zwei Monate lang jeden Tag, dann wurde es seltener. Daß Sha und Ee sozusagen den Kopf in den Rachen des Löwen steckten, überraschte mich sehr, umsomehr als dies kein einmaliges Ereignis war. Gleichzeitig berührte mich dieses Verhalten als unerträglich vertraut und verständlich. Denn wer von uns – außer dem Stolzesten – hat es nicht mindestens einmal in seinem Leben gezeigt? Sich bei einem gefürchteten Stärkeren dann einzuschmeicheln, wenn der Zeitpunkt günstig ist, ist ein verbreiteter, wenn auch nicht gerade lobenswerter Zug des Menschen. Verglichen damit, wie weit wir Menschen manchmal gehen, war Ees und Shas «Speichelleckerei» geradezu milde. Aber es freut mich trotzdem, daß so etwas bei Katzen nicht häufig vorkam. Ich nehme an, daß diese Seltenheit ebenso auf dem Stolz und der Würde der Tiere beruhte wie auf der Furcht vor dem Risiko.
Was den Erfolg des Verhaltens von Ee und Sha betrifft, konnte ich keine nennenswerte Änderung in ihrer Beziehung zu Mo oder zueinander entdecken. Sie waren zwar nie Mos erbitterte Rivalen gewesen, aber Kämpfe mit ihm und untereinander gab es trotzdem vor, während und nach dieser Zeit, und zu anderen Tageszeiten vermieden sie ihn wie eh und je. Das bedeutet nicht, daß Ee und Sha aus ihren Anstrengungen keinen Gewinn zogen. Zweimal am Tag konnten sie sich in Mos Gegenwart sicher fühlen und wurden von ihm abgeleckt statt beschimpft. Wer kann sagen, ob sie nicht Frieden, Wohlbehagen oder was immer empfanden? Es sah jedenfalls so aus, als ob sie diese Begegnungen genössen.
Etwas Ähnliches beobachtete ich eines Morgens im Frühjahr 1979. Aus irgendeinem Grund war Ee zeitweilig verliebt in Hige, damals ein junges Männchen. Hige war zu Ee weder besonders freundlich noch abweisend, als die beiden sich mit anderen Katzen auf dem Fenstersims im zweiten Schuppen sonnten. Manchmal protestierte er, wenn Ee ihn am Nacken packte, aber wenn Ee losließ, lief Hige nicht davon. Zu jener Zeit war Warus Rolle als Unruhestifter bereits im Schwinden, und Waru zeigte Ee gegenüber nicht die frühere Kampflust. Aber man mußte doch noch mit ihm rechnen, und als er an diesem Morgen aufs Sims sprang und auf Ee und Hige zuging, sah ich Schwierigkeiten voraus.
Zu meinem nicht geringen Erstaunen ereignete sich Seltsames. Weit davon entfernt, Ee zu bedrohen, hielt Waru kurz an, um die Lage zu beurteilen, drehte sich dann vor Ee um und kauerte in perfekter weiblicher Kopulationshaltung, den Hintern in der Höhe, vor Ee nieder! Während zwei oder drei Minuten verharrte er in dieser Stellung und schaute immer wieder zu Ee zurück, ebenso schmeichelnd miauend wie ein Weibchen, das einen lauwarmen Bewerber zu überzeugen sucht. Es war vollkommen klar, daß Waru Ee einlud, ihn zu besteigen.
Was sollte das bedeuten? Hatte Waru plötzlich ein seltsames sexuelles Bedürfnis und war seine Wahl von Ee reiner Zufall? Ich zweifle daran, denn ich sah Waru weder vorher noch nachher sich so benehmen. Außerdem kannte er Ee sehr gut, so daß seine Wahl nicht zufällig sein konnte. Es muß ein Motiv für Warus Verhalten gegeben haben, und mir fällt keine bessere Erklärung ein als folgende:

Waru lädt seinen ehemaligen Rivalen Ee ein, ihn zu besteigen.

Waru hatte genug davon, mit Ee zu kämpfen, und er wünschte sich ein entspannteres Verhältnis. Endlich sah er eine Gelegenheit, diesem Wunsch Ausdruck zu verleihen. Er schätzte Ees Stimmung genau ab und präsentierte sich in der Stellung eines empfänglichen Weibchens, um seinen ehemaligen Feind zu versöhnen. Das klingt weit hergeholt, aber es gibt Parallelen. Bei gewissen Affenarten nehmen schwache Männchen die Haltung paarungsbereiter Weibchen ein, um den Stärkeren gegenüber Unterlegenheit und Unterwerfung zu zeigen, und die überlegenen Affen zeigen unweigerlich ihre Kooperationsbereitschaft, indem sie die Schwächeren besteigen. Ee war übrigens so stark mit Hige beschäftigt, daß er Waru nicht groß beachtete. Dieser hörte dann auf zu locken und ließ sich in der Nähe nieder.

Obschon das hier beschriebene Verhalten selten ist, finde ich es bemerkenswert. Wenn meine Auslegung, es handle sich um Einschmeicheln, zutrifft, so haben wir hier einen echten Versuch, mehr zu erreichen als nur die Einstellung von Feindseligkeiten, und mit dem Feind Freundschaft zu schließen. Im geschlossenen Katzenhaus konnten sich seine Bewohner nicht immer nach Wunsch vermeiden und waren gezwungen, sich über die natürlichen Grenzen hinaus zu sozialisieren. Ich glaube aber nicht, daß Ees und Shas Verhalten gegenüber Mo nur darauf zurückzuführen ist. Leyhausen beschreibt, wie freilebende Katzen beider Geschlechter, die nicht gesellig zusammenleben müssen, sich oft auf neutralem Gebiet treffen, sich gegenseitig waschen oder einfach nahe beieinander sitzen. Unter den Teilnehmern mögen Katzen sein, die sich anderswo bekämpfen, doch diese Zusammenkünfte zeichnen sich offensichtlich durch eine warme, gewaltfreie Atmosphäre aus. Katzen, die zu solchen Treffen kommen, befriedigen offenbar ein sehr reales Bedürfnis nach gesellschaftlichem Kontakt, das sonst unterdrückt werden muß, da sie auf dringendere Nöte und Instinkte reagieren müssen, um zu überleben.

Ich glaube, Shas, Ees und Warus Verhalten drückte den Wunsch nach gesellschaftlichem Kontakt aus, den Wunsch nach Frieden und leichterem Leben. Dabei zeigte sich auch, daß Katzen nicht ganz ohne Vokabular sind, wenn sie einen Artgenossen besänftigen wollen – nur brauchen sie dieses Vokabular selten, und nicht im Kontext eines Duells.

8 «Wer ist der Boß?»

Eine der häufigsten Fragen von Besuchern des Katzenhauses war: «Wer ist hier der Boß?» Für den Menschen ist das eine der natürlichsten Fragen, denn auch er ist ein Lebewesen, das in einer geschichteten Gesellschaft mit Führern lebt. Nur jemand mit spezialisiertem Wissen oder lebhafter Fantasie kann eine Gruppe von Tieren beobachten und nicht sofort nach einem Chef suchen. Beobachtet er eine Gruppe von Tieren, die von Natur aus in Gesellschaft lebt, möglichst in natürlicher Umgebung, so findet er oft, wenn auch nicht immer, ein Individuum mit Führerqualitäten. Aber das Katzenhaus war von einer natürlichen Umgebung weit entfernt, und Katzen bilden von Natur aus keine Gruppen. Was soll ein Tier, das während Millionen von Jahren einsam gelebt hat, mit einem Chef anfangen?
Jeder Katzenhalter weiß: Katzen regieren sich selbst. Eine Katze entscheidet allein, wann sie aufstehen und wann sie schlafen will, wann sie gefüttert, gestreichelt oder in Ruhe gelassen werden will. Geht sie ins Freie, so tut sie das allein. Selbst unsere Katzen, die zum Schlafen, Essen, Kämpfen, Lieben zusammenkamen, waren strikte Einzelgänger, wenn sie durchs Haus wanderten.
Gemeinsame Spaziergänge sind Katzen vollkommen fremd. Es gibt starke Katzen und schwache Katzen, aber eine starke Katze zeigt wenig Neigung, andere zu führen oder ihre Kraft zu ihrem Vorteil auszunutzen, genausowenig wie eine schwache Katze sich führen oder unterwerfen lassen will. Katzen sind geborene Individualisten oder, politisch ausgedrückt, Anarchisten; ihre gesellschaftlichen Beziehungen sind zweidimensional und egalitär, nicht dreidimensional, hierarchisch und autoritär. Deshalb zögerte ich stets, auf Mo zu deuten, wenn die Frage nach dem Boß des Katzenhauses gestellt wurde.
Nach seinem Sieg über Waru war Mo unzweifelhaft Nummer Eins im Katzenhaus, der oberste in der Rangordnung, die sich unter den Katern entwickelt hatte. Diese Rangordnung war jedoch sehr locker. Direkt nach Mo gab es eine Anzahl von Katern wie Ee, Waru, Wanchan, Sha, Sabu, Nibu und Panda, die ihren Status wohl eher ihrem Alter verdankten als ihrer Kampftüchtigkeit. Diese Kater kämpften meist untereinander und mit einigen etwas jüngeren Katern, dabei spielte persönliche Feindschaft eine größere Rolle als die Rangordnung. So kämpfte zum Beispiel Sha mit Panda, Wanchan mit Nibu, Ee mit Waru und Panda, aber Panda, Nibu und Sabu, die miteinander aufgewachsen waren, ließen sich in Ruhe. Doch war es keineswegs die Regel, daß Kater, die zusammen aufgewachsen waren, nie zu Feinden wurden. Wie bei den Menschen bekämpften sich frühere Freunde, sogar Brüder oft am erbittertsten. Dies war bei Jerry und Otochan der Fall, zwei Katern aus dem Wurf von fünf Kätzchen, die wir von Hand aufgezogen hatten. Natürlich beobachteten wir die Schlachten dieser beiden mit gemischten Gefühlen; sie hatten so viele Abenteuer gemeinsam erlebt. Ein weiteres Beispiel war Pierrot, selbst ein schwacher Charakter, aber der eifrigste Verfolger seines Bruders Kagetora, des berühmtesten Parias in der Geschichte des Katzenhauses.

Im Katzenhaus neigten die Kater dazu, nur mit Gleichrangigen zu kämpfen.

Kater von niedrigerem Rang kämpften seltener als die erwähnten «Senioren», aber auch hier war keine feste Hackordnung zu erkennen; die Junioren griffen ebenfalls eher aus persönlicher Feindschaft an. Junioren forderten auch mit zunehmendem Alter die Senioren nur selten heraus, und diese wiederum ließen die Jüngeren meist in Ruhe. Während die Senioren Mo mit einem Maximum an Respekt behandelten, zeigten die jüngeren Kater keine Furcht vor ihm. Ich sah sogar einmal einen sehr komischen Vorfall: Jerry, geschlechtsreif und im Kämpfen schon erfahren, bestieg eines Morgens Mo in einem Anfall sexueller Erregung. Mo blieb ruhig sitzen, bis Jerry ihn losließ, ohne an Bestrafung dieser Unverschämtheit zu denken. Obwohl Mo häufig Streit mit anderen Senioren anzettelte – vor allem mit Waru, der ihn am Ende maßlos fürchtete – zeigte er absolut kein Interesse daran, den Junioren seine Überlegenheit zu beweisen.
Dazu muß ich hier sagen, daß diese Aufteilung in Senioren und Junioren ziemlich willkürlich ist und sich eher auf zwei Archetypen als auf wirkliche Altersgrenzen bezieht. Denn es gab natürlich keine scharfe Trennlinie; viele Kater, wie Hige, Osato, Marshmallow, Kenbo, Chobikuro und So wären rangmäßig in einer Zwischengruppe zu finden.
Da die meisten Kater – absichtlich oder zufällig – mit Gegnern von ungefähr gleicher Stärke kämpften, waren einseitige Raufereien selten. Solche gab es eigentlich nur zwischen niedrigrangigen Junioren und den unglückseligen Parias, die auf die unterste Stufe der Hierarchie verbannt worden waren. Es sah ganz so

aus, als ob die Parias ein Ventil für diejenigen Kater böten, die selbst nicht die Charakterstärke besaßen, sich mit ihresgleichen anzulegen. Allerdings kam es vor, wenn auch selten, daß selbst Senioren oder Weibchen sich etwas Sport mit einem Paria gönnten – Sport scheint mir das richtige Wort für solche Begegnungen. Es war, als ob sie nicht nur angestaute Aggression abreagierten, sondern auch ihren unbefriedigten Jagdtrieb, und die fliehenden Parias als idealen Beute-Ersatz betrachteten.

Bis zu Kagetoras Auftauchen als Dauer-Paria hatte ich geglaubt, der Paria-Status sei etwas Vorübergehendes, ein etwas extremer Durchgangsritus, den die meisten heranwachsenden Kater ohne großen Schaden überstanden. Plötzlich sahen wir jeweils einen jungen Kater in einer Ecke oder zuoberst auf einem Pfosten kauern, mit geweiteten Augen und flachgelegten Ohren, jede Katze – Männchen oder Weibchen –, die in die Nähe kam, angrollend und anspuckend. Dann wußten wir, daß wir uns wieder um einen Paria kümmern mußten. Man lockte ihn zu den Fütterungszeiten herunter, er verschlang drei oder vier riesige Bissen und kehrte eilig an seinen Zufluchtsort zurück, während die anderen Katzen immer noch aßen. Hatte er Pech, so wurde ein bösartiger Verfolger auf ihn aufmerksam, jagte ihm nach und biß ihn ins Hinterteil. Die meisten Parias trugen alte und neue Narben an Rumpf und Hinterbeinen.
Natürlich taten uns solche Katzen leid. Doch die Erfahrung hatte uns gelehrt, daß fast alle, sobald sie über den ersten Schrecken hinweg waren, lernten, sich still zu verhalten, um jede Aufmerksamkeit zu vermeiden. Ein Paria wartete die Tageszeit ab, in der die meisten Katzen schliefen, um aus seiner dunklen Ecke hervorzukommen, die Sägemehlkiste aufzusuchen und den Bauch mit Trockenfutter und Wasser zu füllen. Er floh zwar bei der kleinsten Bewegung, wurde aber sehr geschickt im Flüchten, und ein Angriff brachte ihn nicht mehr so aus der Fassung wie in den ersten Tagen. Allmählich ließen seine Verfolger von ihm ab, und er bewegte sich mit größerer Freiheit. Wenn er wieder freiwillig an den gemeinsamen Mahlzeiten teilnahm, seufzten wir vor Erleichterung, denn dann war sein Martyrium ziemlich sicher vorüber.
Uns fiel auf, daß ironischerweise gerade diejenigen Kater ein solches Verfolgungsstadium durchmachten, deren Selbstvertrauen, Freundlichkeit und Lebensfreude sie vor ihren Altersgenossen auszeichnete. Sie waren begierig, ihre Kraft und ihren erwachenden Aggressionstrieb zu erproben, und ihre Frechheit führte dann zu ihrem Sturz. Waren sie einmal von einem überlegenen Feind gehörig verprügelt worden, verloren sie ihr Selbstvertrauen restlos.
Kagetora war ein solcher Jungkater. Er bekam seinen Namen, der «Schattentiger» bedeutet, drei Monate nach seiner Geburt, nachdem ich im Fernsehen einen historischen Film über das Leben eines berühmten japanischen Samurai dieses Namens gesehen hatte. Kagetora war der erste blaue Tabby, der im Königreich geboren wurde, ein großes, schönes, selbstsicheres Kätzchen, und jedermann hielt es für das beste dieses Jahres, obwohl sein Schwanz nur halb so lang war wie der des durchschnittlichen europäischen Katers. Der Name schien vollkommen zu seinem Wesen und seinen Farben – dunkelgraue Streifen auf hellgrauem Grund – zu passen. Schon mit zehn Monaten fing er auch an, ihm gerecht zu werden: Ich sah ihn ein Duell mit einem Gegner anzetteln, der doppelt so

alt war wie er und der die Verteidigungshaltung eines deutlich unterlegenen Katers einnahm.
Nur einen Monat später mußte Kagetora jedoch seine Züchtigung erhalten haben. Er war unweigerlich der erste einer Horde von Katzen, die mir morgens entgegenrannten, wenn ich das Katzenhaus betrat, um die leckeren niboshi zu erbetteln. Eines Morgens war er nicht dabei. Ich entdeckte ihn, als ich das Sägemehl wechselte, auf einem der Pfosten, die in zwei Reihen im zweiten Schuppen standen. Als er trotz meiner Lockrufe nicht herunterkam, vermutete ich sofort, daß seine Frechheit schließlich die Aufmerksamkeit eines oder mehrerer überlegener Gegner erregt habe und daß er jetzt das Markenzeichen des Parias trage. Die Ereignisse dieses Morgens bestätigten meinen Verdacht: Binnen zweier Stunden sah ich ihm drei Junioren und ein Weibchen nachjagen. Parias wurden im Katzenhaus sehr rasch bekannt, und bis zum Abend hatte sich die Zahl seiner Verfolger verdoppelt. Zum Glück für ihn kennen Katzen ein geschlossenes Vorgehen kaum und veranstalten deshalb keine gemeinsamen Angriffe auf Parias, aber die sich wiederholenden Angriffe verschiedener Katzen versetzten Kagetora in einen Zustand dauernden Schreckens. Zuoberst auf seinem Pfosten war er kaum angreifbar und brachte es fertig, seine Gegner mit einem Regen von Tatzenhieben zurückzudrängen.
Aber er schien offensichtlich nicht die Absicht zu haben, seine Zuflucht zu verlassen; am folgenden Morgen saß er am genau gleichen Platz mit dem genau gleichen Ausdruck des Schreckens im Gesicht.
Ich dachte, auch Kagetora werde diese Krise mit der Zeit überwinden, aber er entwickelte sich zu einem extremen Fall. Wie die anderen Parias wurde er zwar geschickt darin, zu entwischen und sich von seinem Zufluchtsort aus zu verteidigen, doch jedesmal, wenn er sich ein wenig zu entspannen und etwas Selbstvertrauen zurückzugewinnen schien, warfen ihn neue Prügel zurück. Da ich keinen Kot am Fuße seines Pfostens fand, wußte ich, daß er gelegentlich herunterkam, um die Kisten zu benützen. Ich nahm an, daß er einfach etwas mehr Zeit brauchte, und tat mein Möglichstes, es ihm bequemer zu machen: Ich befestigte ein Brett von ungefähr einem halben Quadratmeter auf seinem Pfosten, damit er sich wenigstens strecken konnte. Er bezog den nächsten Pfosten. Ich versah alle Pfosten mit einem solchen Brett. Nun mußte er es annehmen. Er wählte den vom Eingang zum zweiten Schuppen am weitesten entfernten Pfosten und ernannte den nächststehenden zu seiner Toilette. Das hatte ich von meinem brillanten Einfall! Jetzt mußte er noch seltener von seiner Pfostenwelt herunterkommen. Es war Hochsommer; draußen herrschte die angenehme Temperatur von 18 °, aber unter den Dachsparren der Wellblech-Schuppen stieg sie oft auf 27 °. An heißen Tagen dösten die meisten Katzen im Garten oder an kühlen Stellen des Bodens. Kagetora jedoch blieb den ganzen Tag auf seinem Brett – hechelnd (er war der einzige Kater, den ich je hecheln sah). Nur wenn keine anderen Katzen in der Nähe waren und er die Hitze nicht mehr ertragen konnte, wagte er sich auf den Laufsteg, einen Meter tiefer.
Der Herbst brachte Kagetora Milderung von der Hitze, aber bald wurde es Winter, und er würde sich gegen die Kälte wehren müssen. Ich wußte, wie kalt die Nächte in Hokkaido werden konnten, und der Gedanke an Kagetora allein auf seinem Brett, während die anderen Katzen warm in ihren Winternestern beisam-

Links: Kagetora, in Sicherheit aber einsam, blieb die ganze Nacht auf seinem Pfosten.
Rechts: Kagetora hechelt bei 27 ° Hitze.

menlagen, verfolgte mich. Ich unternahm noch nichts, da ich hoffte, die Kälte würde ihn zwingen, seine Stellung aufzugeben. Aber auch hier zeigte sich Kagetora eher beharrlich denn tapfer. Als er sich gegen Neujahr immer noch nicht anschickte, sein Brett zu verlassen, übermannte mich das Mitleid und ich befestigte ein strohgefülltes Kistchen neben seinem Brett. Gleichzeitig hörte ich auf, ihn zum Essen herunterzulocken, und legte sein Futter auf den Laufsteg in der Nähe seiner Kiste. Er hatte mich geschlagen!

Im Rückblick wird mir klar, daß meine Versuche, sein Schicksal zu erleichtern, seine «Rehabilitation» eher behinderten als förderten. Hätte ich mich gezwungen, kühl und sachlich zu bleiben, hätte er sich ermannen müssen, seinen Quälern gegenüberzutreten, oder er wäre eingegangen. Es war mir unmöglich gewesen, ihn kaltherzig zu einer solchen Wahl zu zwingen; ich war aber auch zu verbohrt und dumm gewesen, um einzusehen, daß die einzige verantwortungsvolle und humane Maßnahme gewesen wäre, ihn aus dem Katzenhaus zu entfernen. Mehr als sechs Monate lang hatte ich mir eingeredet, daß die Zeit Abhilfe brächte, daß die anderen Katzen Kagetora vergessen würden und er selbst seine Furcht. Die kleinsten Anzeichen von Besserung seines Verhaltens hatten mich mit Hoffnung erfüllt und jeder Rückschlag mit Verzweiflung und Zorn. Ich empfand gleichzeitig Verachtung für seine Feigheit und Bewunderung für seinen zähen Lebenswillen. Als ich aber begriff, daß sein Zustand höchstwahrscheinlich chronisch

Seine Hinterbeine waren von Narben überzogen.

war und daß er trotz oder wegen meiner Hilfsmaßnahmen nur gerade zu überleben vermochte, blieb mir ein Gefühl der Selbstverachtung, weil ich ihn unnötige Qualen hatte erdulden lassen. Zu Neujahr äußerte eine Besucherin des Katzenhauses den Wunsch nach einem Katerchen, und ich erzählte ihr von Kagetora. Sie erklärte sich sofort bereit, ihn zu adoptieren, und ich war überglücklich über diese Lösung. Noch glücklicher war wohl Kagetora, als er sich in seinem neuen Heim eingelebt hatte. Sein Martyrium war endlich überstanden.
Wenn keine Ventile für den Aggressionstrieb vorhanden sind, neigt jede geschlossene Gesellschaft dazu, Parias zu schaffen. Die unglückseligen Individuen, die wegen ihres schwachen Körperbaus oder wegen bestimmter Charakterzüge (bei Menschen oft Hautfarbe, Glaube, gesellschaftliche Bräuche oder politische Überzeugung) zu Parias gemacht werden, spielen die Rolle von Sicherheitsventilen zur Ableitung von Aggressionen, die ohne diese die Gemeinschaft zerreißen würden. Die Beobachtung des Katzenhauses, anderer Tiergemeinschaften und unserer menschlichen Gesellschaft zeigt ferner, daß Individuen, die ihre Aggression auf Parias richten, unweigerlich selbst schwach oder benachteiligt sind und in der Gesellschaft so tief stehen, daß sie keine andere Möglichkeit haben, sich Luft zu machen. Je gedrängter und geschlossener eine Gemeinschaft ist, desto stärker wird das Bedürfnis nach Parias. Es tröstet mich ein wenig, daß außer Kagetora nie ein Kater zum Dauerparia wurde. Das Katzenhaus war offenbar doch geräumig genug, um seinen Bewohnern ein Leben ohne das Sicherheitsventil zu ermöglichen, das ein Paria darstellt.

Nach dieser düsteren Schilderung eines Katzenlebens als Paria scheint meine früher aufgestellte These, eine Gesellschaft von Katzen sei grundlegend zweidimensional und egalitär, auf etwas wackligen Füßen zu stehen. Das Leben, das Kagetora führte, und das von Mo sind sehr verschieden. Trotzdem bleibe ich bei meiner Theorie. Denn einerseits waren Parias das unglückliche Resultat einer unnatürlichen, gefangenen Gemeinschaft, und zudem die einzigen, deren tiefer gesellschaftlicher Status auch auf andere Aspekte des Lebens, wie Essen und Paarung, Einfluß hatte.
Meine willkürliche Einteilung der Kater in Senioren und Junioren beruhte lediglich darauf, wer mit wem kämpfte. Die sehr lose Rangordnung, die sich daraus ergab, beeinflußte das Leben im Katzenhaus wenig. Wie die Kapitel über das Liebesleben der Katzen aufzeigen, wandten Mo und andere Senioren nur selten ihre Kraft an, um ein brünstiges Weibchen für sich zu reservieren. Was Liegeplätze und Fütterung anging, hielten sich die Katzen meist an zwei einfache Grundsätze: «Wer zuerst kommt, mahlt zuerst» und «leben und leben lassen». Leyhausen beobachtete in seinen eigenen künstlichen Katzengemeinschaften, daß die Tiere, wenn sie nicht ungemein hungrig waren, den höchststehenden Kater zuerst und allein fressen ließen und daß schwächere Tiere die Futterschalen zuerst verließen. Außer bei den wenigen Parias sahen wir im Katzenhaus nichts dergleichen.
Viele Besucher, die sahen, wie sich unsere Katzen auf ihre zweimal täglich verabreichte Mahlzeit aus gekochtem Fisch und Reis stürzten, kamen angesichts ihrer Gier zum Schluß, wir gäben ihnen nicht genug zu fressen. Wir mußten ihnen die Schalen mit Trockenfutter zeigen, die überall herumstanden und aus denen sich

die Katzen außerhalb der Fütterungszeiten mit Genuß bedienten. Aber es war deutlich, daß sie die Fischmahlzeiten als Höhepunkt des Tages betrachteten. Sie schlangen das Essen herunter, nicht weil sie besonders hungrig waren, sondern einfach, weil es die andern auch taten. Eine mit Muße fressende Katze, was ja eigentlich normal gewesen wäre, wäre bei uns im Nachteil gewesen. Wir fütterten die Katzen täglich zur selben Stunde. Sie kannten sie ganz genau und begannen sich etwa zwanzig Minuten früher am Eingang zu versammeln. (Wie genau ihre inneren Uhren gingen, zeigte sich, wenn eine Mahlzeit einmal etwas verspätet kam. Eine halbe Stunde zu spät, und sie hatten viel weniger Appetit. Sie waren nicht etwa gieriger, sondern träge und mißgelaunt und brauchten viel länger.)
Wenn wir eintraten, rannten sie einhellig und miauend auf uns zu und drängten sich um unsere Füße; die Katzen, die Schwänze hatten, erhoben sie erregt in eleganten, zitternden Bögen. Wir schöpften das Essen hinaus, und vier oder fünf Katzen versammelten sich um je einen Napf. Alle legten Ohren und Barthaare weitmöglichst zurück, offensichtlich wollten sie die des Nachbarn nicht berühren. Ein paar berühmte Vielfresser wie Ee, Waru und das Weibchen mit den emporgedrehten Augäpfeln, das wir Uemi («Augen nach oben») nannten, behielten ihren Kopf entschlossen im Napf, und verschlangen Bissen um Bissen. Aber die meisten Katzen streckten sich, füllten den Mund, und zogen sich dann etwas zurück, um zu kauen und zu schlucken, während sich andere vor sie schoben. Einige Katzen entwickelten die Methode, mit den Pfoten Fischstücke aus den Näpfen zu angeln, anstatt ihren Kopf hineinzustecken. Noch häufiger waren die Katzen,

Mo war vor Mahlzeiten stets gereizt, besonders gegenüber Waru und anderen Rivalen. Aber nie beanspruchte er eine Schale für sich allein.

die den Napf zu sich heranholten. Waren es zwei oder drei Tiere, die den Trick heraushatten, wurde der Napf jeweils in alle Richtungen gezogen, doch nie wurde eine Katze zornig.
Nach zwei Minuten verstummte das erfreuliche Geräusch schmatzender Katzen; eine nach der anderen verließen sie den «Eßtisch» und suchten die Wasserschüsseln auf oder ihre Lieblingsplätze, um sich und andere zu waschen. Unweigerlich gab es ein paar Kater, die die leeren Näpfe besprühten. Andere Katzen, die unverbesserlichen Teller-Ausschlecker, blieben noch einen Moment, um das letzte Reiskorn aus den Geschirren zu holen. Und dann war die Fütterung ganz und gar vorbei – fünf Minuten, nachdem wir das Gebäude betreten hatten.
Im Gegensatz zu Leyhausen sahen wir nie hochrangige Kater, die die Futterschüsseln in Beschlag nahmen, oder unterlegene Kater und Weibchen, die ihnen auswichen. Wie die Paarungen waren auch die Fütterungen für alle da, und nicht die ranghöchsten Tiere, sondern die schnellsten Esser bekamen mehr als die heikleren. Mir schien dies eine viel gerechtere Verteilung, als wenn es nach Rang gegangen wäre.
Einen Kater gab es allerdings, der eine Schüssel für sich allein beanspruchte. Sein Fall illustrierte klar, ob und wie sich Katzen an das Leben im Katzenhaus anpaßten. Er hieß Petoru und war zusammen mit seiner Schwester in einer Kartonschachtel vor dem Katzenhaus ausgesetzt worden. Beide waren bereits geschlechtsreif und hatten Schwierigkeiten gehabt, sich im Katzenhaus einzufügen; Petoru besonders lehnte es ab, mit anderen zusammen zu fressen. In den ersten paar Wochen nahm er nur Trockenfutter zu sich. Mit der Zeit wurde er jedoch kühner und wartete am Schluß der Schüsselreihe, und sobald die Schüssel, die er ins Auge gefaßt hatte, mit Fisch gefüllt war, beugte er sich darüber und begann gemütlich zu fressen. Dabei machte er klar, daß er nicht zu teilen gewillt war, indem er jede Katze anfauchte und mit den Krallen bedrohte, die in die Nähe kam, mit Ausnahme seiner Schwester. Sehr bald schon kannten alle Katzen diese Eigenheit Petorus und blieben ihm zu Fütterungszeiten fern. Stets beeindruckte mich diese Toleranz der Katzen, obwohl es sie ganz offensichtlich gelüstete, sich aus Petorus Schüssel zu bedienen, die immer noch halb voll war, wenn die anderen bereits leer waren. Vielleicht, weil er noch nicht lange da war, und weil er ein sehr sanfter Kater war, zeigte Petoru wenig Neigung, sich in Duelle einzulassen; wurde er herausgefordert, so hielt er sich gut, zettelte aber selten von sich aus einen Streit an. Daß ihn die Katzen bei der Fütterung in Ruhe ließen, beruhte deshalb weniger auf Furcht vor ihm, sondern auf dem angeborenen Respekt vor jeder Katze, die einen bestimmten Fleck klar besetzt hält und auf ihrem Recht besteht, dort zu sein. Es kam vor, daß Petoru zu spät dran war, um sich eine Schüssel zu sichern, dann zeigte er dieselbe Beachtung der Regel «Wer zuerst kommt, mahlt zuerst» und unterließ jeden Versuch, andere Katzen von einer Schüssel wegzujagen, statt dessen aß er Trockenfutter.
Dieses Prinzip funktionierte ebenso in bezug auf Liegeplätze. Mit Ausnahme der Parias konnte sich jede Katze jeden Ranges auf einem unbesetzten Fleck niederlassen, ohne daß sie groß fürchten mußte, belästigt zu werden. Manchmal verließ ein Kater seinen Platz freiwillig, wenn er einen Stärkeren herankommen sah, mit dem er schlecht stand. Bewegte er sich aber nicht vom Fleck, so fand meist kein Angriff statt; der Stärkere ging entweder weiter oder wechselte die Richtung.

Petoru vertreibt So von seiner Schüssel. Die Katzen zeigen erstaunliche Toleranz für seinen Wunsch, allein zu fressen.

Selbst wenn ein Kater entschlossen war, einen schwächeren Rivalen vom Platz zu vertreiben, gelang das nicht immer. Ich sah einmal, wie Mo auf Sha zuging, offensichtlich um ihn anzugreifen, während Sha auf einem sonnigen Fleck am Boden lag. Ich weiß nicht, ob Mo auf einen Kampf Lust hatte oder ob er nur Sha vertreiben wollte, jedenfalls weigerte sich Sha, den Platz zu räumen. Er blieb einfach liegen und gab vor, Mos tiefes Grollen nicht zu hören; er vermied es auch, in Mos drohende Augen zu blicken. Lediglich seine leicht zuckende Schwanzspitze zeigte an, daß er Mo nur zu gut wahrgenommen hatte. Shas ganze Haltung drückte aus, daß er sich weder mit Mo anlegen noch von seinem Platz weggehen wollte. Wollte man das Ganze in Worte fassen, so hätte Mo zu Sha gesagt: «Wie kannst du es wagen, einfach liegenzubleiben, du Zwerg?» Und Sha würde geantwortet haben: «Ach geh, alter Freund, sei doch nicht so bockig. Ich suche keinen Streit mit dir. Laß mich in Ruhe, dann ersparst du uns beiden eine Menge Ärger.»

Was auch immer Sha übermittelte, es wirkte. Mo starrte Sha noch ein wenig an und grollte, befand sich aber bereits auf langsamem Rückzug. Solch lässiges Benehmen hätte Sha niemals genützt, wenn er auf seinen Beinen gestanden hätte und auf Wanderschaft gewesen wäre. Ihm kam das ungeschriebene Gesetz der Katzen zugut, daß er, als erster Besetzer des Platzes, das Recht hatte, dort zu bleiben. Vorfälle wie dieser waren im übrigen selten.

Vermutlich bestimmte auch der Charakter eines Katers den Grad, bis zu welchem er gegenüber Schwächeren von seinem Rang Gebrauch macht. Wäre Waru Nummer Eins geblieben, so wäre er wahrscheinlich ein viel größerer Despot geworden als Mo, der sich meistens wie ein perfekter Gentleman betrug. Das Ausmaß allerdings, das auch dem despotischsten Kater für seine Herrschsucht zur Verfügung stand, wäre noch immer begrenzt gewesen, denn Katzen ganz allgemein sind nicht willens und auch nicht fähig, sich zu fügen und Autorität zu akzeptieren.
Oft habe ich die Fairneß unserer Katzen (ausgenommen ihr Verhalten gegenüber Parias) mit der unserer Hunde verglichen. Bei Hunden ist die gesellschaftliche Struktur viel hierarchischer; unsere Oberhunde verschafften sich, wenn wir es zuließen, häufig Vorteile auf Grund ihres Ranges. Nur weil wir bei der Fütterung anwesend waren, ließen die stärkeren Hunde die Schüsseln der Schwächeren in Ruhe; diese hätten ihr Fressen auf den Blick eines Überlegenen hin fast unberührt verlassen. Die ranghöchste Gruppe besetzte die ans Haupthaus angrenzende Fläche, die von allen Hunden als erstklassig betrachtet wurde. Eine größere Gruppe schwächerer Hunde lebte in den Ställen und wagte sich nur zum Haus, wenn Menschen in der Nähe waren; kaum verschwanden diese, flüchteten sie zu den Ställen zurück. Ein Paria – mehr ein Grenzfall – wohnte hinter den Ställen und fraß nur dann, wenn seine Schüssel ein paar Meter von denen der anderen Hunde entfernt stand. Von seinem Platz aus ließ sich das Tor, etwa 200 Meter entfernt, am besten bewachen. Ich hatte den Eindruck, die anderen Hunde ließen ihm eine einigermaßen friedliche, wenn auch eingeschränkte Existenz nur, weil er ihnen als Wachhund nützlich war; er war stets der erste, der die Ankunft Fremder bellend ankündigte. Ein weiterer Hund, ein kastrierter Rüde, war ein echter Paria, und bis wir ihn anderswo unterbrachten, überlebte er nur, weil er den größten Teil des Tages in einem großen Loch verbrachte, das er sich unter Mutsu-sans Büro gegraben hatte. Zum Fressen oder um sich direkt neben dem Loch zu erleichtern, kam er heraus, aber nur, wenn die anderen Hunde gerade gefüttert wurden, oder mitten in der Nacht. Gelegentlich erwischten ihn die Hunde, wenn er an Vorsicht nachließ, und nur unser Dazwischentreten mit Baseballschlägern rettete ihn dann vor dem sicheren Tod. Allgemein hatten niedrigrangige Hunde mit ihren Oberhunden weit größere Probleme als niedrigrangige Katzen mit den Stärkeren.
Wie ich schon sagte, bot das Katzenhaus im wesentlichen ein nicht-territoriales Milieu; fast alle Katzen benutzten das verfügbare Areal verhältnismäßig frei. Ihre Haltung «leben und leben lassen» ergab sich, weil sie das Katzenhaus als neutrales Territorium empfanden. Eine freilebende Katze beiderlei Geschlechts würde einer fremden, die sie in ihrem Territorium fände, kaum dieselbe Toleranz erweisen. Weil unsere Katzen ihr gemeinsames Haus als neutrales Territorium empfanden, konnten wir fremde erwachsene Katzen hineinbringen, ohne uns um ihre Sicherheit sorgen zu müssen. Solche Fremden waren verständlicherweise jeweils starr vor Angst, wenn sie sich plötzlich an einem so seltsamen Ort befanden, aber nie wurden sie angegriffen.
Mit einem fremden, erwachsenen Hund konnten wir dieses Risiko nicht eingehen, da unser Rudel sehr bestimmte Ansichten über die Anwesenheit Fremder in ihrem Territorium hegten. Sie zeigten keine Gnade gegenüber unglückseligen Eindringlingen, die, vom Duft unserer brünstigen Hündinnen angelockt, den Zaun durchbrochen hatten und die plötzlich dem ganzen wütenden Rudel gegen-

überstanden. Aus diesem Grund war es uns nicht möglich, fremde erwachsene Hunde im Königreich aufzunehmen, und wenn wir nicht rasch ein neues Heim für die vor dem Tor ausgesetzten Tiere fanden, hatten wir keine Wahl, als sie einzuschläfern.

Obwohl das Katzenhaus als Ganzes für seine Bewohner neutraler Grund war, läßt sich ihre Regel «Wer zuerst kommt, mahlt zuerst» durchaus als Ausdruck territorialen Instinkts in einer Umgebung, die keine dauernden, sichtbaren Territorien gestattete, interpretieren. Eine Katze, die sich innerhalb ihres eigenen Territoriums befindet, kann eine Stärkere, die ihr nahekommt, in die Flucht schlagen. Ebenso konnte eine Katze, die sich an einem bestimmten Fleck im Katzenhaus befand, eine Ranghöhere vertreiben. Mit anderen Worten, dieselben Kräfte, die in natürlicher Umgebung zur Bildung von Territorien führen, schufen im Katzenhaus «mobile Territorien»; jede Katze schien ihr Territorium mit sich zu führen, was sich am deutlichsten zeigte, wenn eine Katze sich an einem bestimmten Ort niederließ, was von den anderen sichtbar respektiert wurde.

Die Größe von Territorien ist stark beeinflußt durch die Bevölkerungsdichte. Ich habe etwas dagegen, wenn sich in einem leeren Zug ein Fremder neben mich setzt; während des zweifelhaften Vergnügens jedoch, zu Spitzenzeiten nach Tokio zu fahren, muß ich meine territorialen Instinkte unterdrücken, da wir uns in einen Wagen quetschen müssen, den die Eisenbahnverwaltung glattzüngig als «zu 300 Prozent besetzt» bezeichnet – das führt zu Verhältnissen, die sogar Sardinen schockieren würden. Gleicherweise beachteten die Katzen einander nicht groß,

Mo und seine Schwester May.

Mo greift in eine Balgerei zwischen Sha, Panda und Wanchan ein. Ihm ging es nur dar

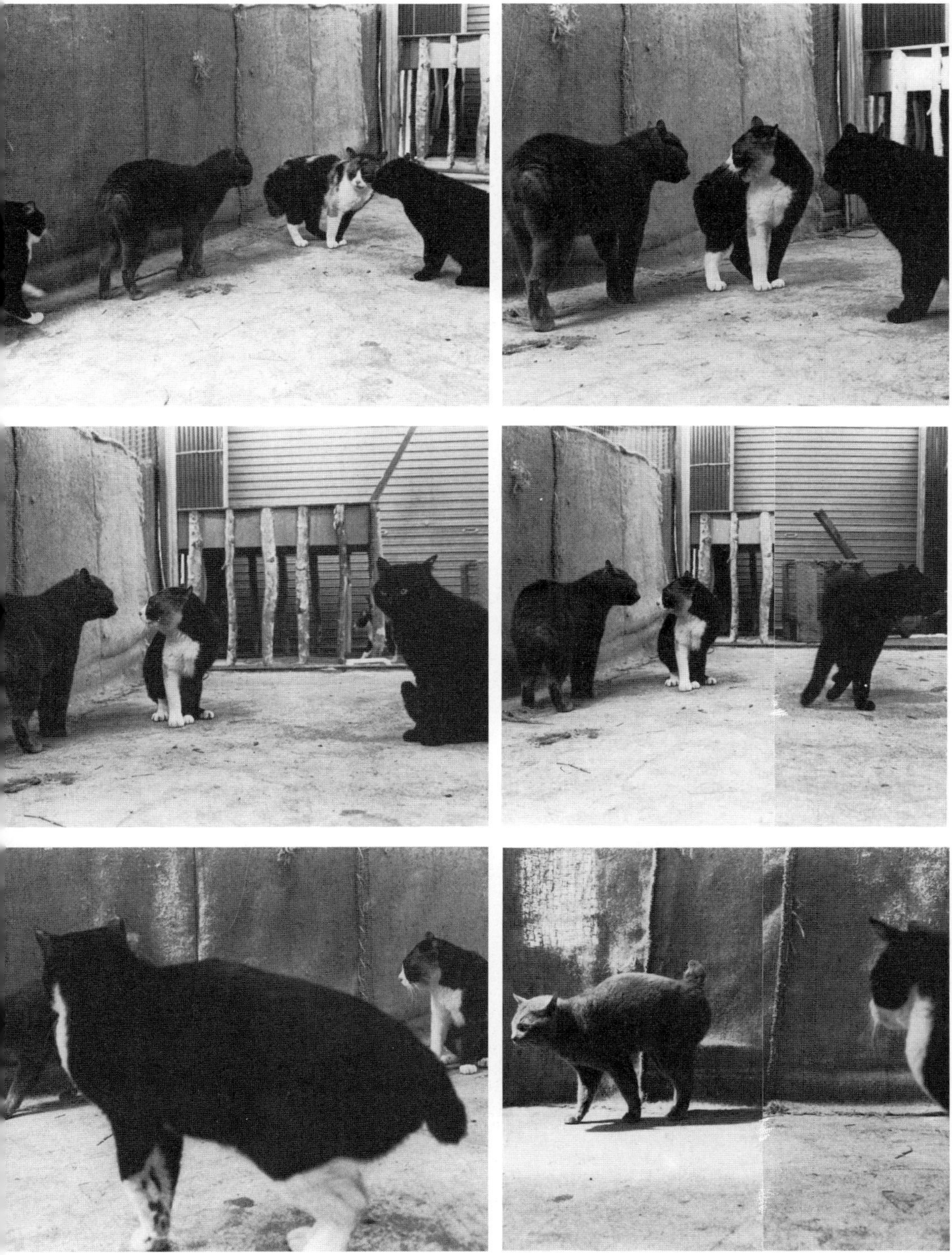

alen in Schach zu halten, und nicht um die Beherrschung des Katzenvolkes.

wenn sie sich am frühen Morgen auf dem Ostfenstersims zu einem Sonnenbad zusammendrängten, aber zu anderen Stunden, wenn das Sims wenig besetzt war, legten sich die Katzen weiter auseinander und näherten sich einander mit viel größerer Vorsicht.

«Wer zuerst kommt, mahlt zuerst» und «leben und leben lassen» sind keine Maximen, die einen «Boß» erlauben. Ob er ein Despot oder ein demokratisch gewählter Führer ist, auf jeden Fall hat er Autorität auszuüben, Pflichten zu erfüllen und Vergünstigungen entgegenzunehmen. Wir haben schon gesehen, wie begrenzt Mos Autorität war und mit welcher Selbstbeherrschung er seine Kraft einsetzte, um Futterschüsseln, Liegeplätze und erwählte Weibchen für sich zu beanspruchen. Er zeigte auch keine Neigung, die Pflichten zu übernehmen, die auf die meisten Führer von Gruppen in Gesellschaft lebender Tiere entfallen. Ihn interessierte es so wenig wie die andern, eine neue, fremde Katze aus dem Katzenhaus zu vertreiben. Und obschon die Verteidigung der Gruppe normalerweise die Pflicht ihrer stärksten Mitglieder ist, war Mo stets unter den ersten, die sich zu den Dachbalken hinaufretteten, wenn ich einen Hund ins Katzenhaus brachte.

Eine weitere Pflicht eines Führers ist es, innerhalb der Gruppe den Frieden zu wahren und Schwächere zu schützen, indem er in Streitigkeiten eingreift. Manchmal schien es, als ob Mo dieser Pflicht nachkam. Ich erinnere mich, wie Sha einen Streit mit dem ihm verhaßten Panda vom Zaun brach. Wanchan kam vorbei und mischte sich ein, eher Sha als Panda angreifend. Angezogen durch den Anblick und Lärm der Beschimpfungen kam Mo heran – drohend und mit steifen Beinen. Wanchan, der Mo am nächsten war, auch was seinen Rang anbelangte, zog sich als erster zurück; hierauf demonstrierte Sha seinen Mangel an Begeisterung, sich mit Mo anzulegen, indem er sich setzte, seinen Kopf abwandte und schließlich zitternd davonschlich. Mo schaute den letzten Kämpfer, Panda, ein paar Sekunden an, sprühte und stelzte von dannen.

Vielleicht, weil Raufereien unter vier Katern so rar waren und weil sich hier die Rangordnung der Beteiligten fast allzu deutlich zeigte, blieb mir dieser Vorfall im Gedächtnis. Mo erschien wie ein König, der seinen Rang einsetzt, um die fried-

Der «Boß» streckt sich wonnevoll.

Oben: Heulende Beschimpfungen aus nächster Nähe.
Unten: Ein schwacher Gegner drückt durch seine Haltung seine Unterlegenheit aus, aber auch seinen Willen, sich zu verteidigen.

Sha zeigt seine eindrücklichen Reißzähne in einem Streit mit Wanchan. Krallen blitzen und Haare fliegen, als Panda Hi an den Rand der Hängematte stößt.

Ganko, von Peyo bedroht. Nur die schwächsten Kater fliehen.

Peyo droht jetzt Ganko, indem er sich von der Seite zeigt.

Zwei Weibchen tragen ein Duell aus. Duelle unter Weibchen waren immer einseitig.

Eine sehr selbstsichere Kurokasan starrt auf eine sehr angstvolle Uko. Man beachte die verschiedenen Ohrwinkel. Kurokasan genießt die Situation.

Der unübersichtliche Eingang zum Garten gab immer wieder zu Auseinandersetzungen Anlaß. Hier stehen sich die Brüder Jerry und Hi gegenüber.

liche Beilegung eines Streits unter seinen Untertanen zu erreichen. Aber die Tatsache, daß er nur gelegentlich bei Kämpfen eingriff und sie völlig ignorierte, wenn sie unter Katern von weit niedrigerem Rang auftraten, läßt vermuten, daß es ihm viel mehr darum ging, seine Überlegenheit über die unmittelbar unter ihm stehenden Kater zu demonstrieren, als den Frieden des Katzenhauses zu wahren. Mit wenig Privilegien und praktisch keinen Pflichten entsprach Mo kaum der populären Vorstellung eines Bosses. Zwar war er der Stärkste, was das Kampfvermögen anging, doch er war nicht Herr über alle Dinge und wollte es auch nicht sein. Zweifellos saß er an der Spitze einer Hierarchie, aber diese Hierarchie beeinflußte das Leben im Katzenhaus nicht sehr. Parias waren die einzigen Tiere, deren Leben von ihrem Status radikal beeinträchtigt wurde; die übrigen Katzen schienen ungeachtet ihres Ranges im großen ganzen die gleichen Rechte zu genießen. Mo, der sich nicht dafür interessierte, seine Macht über diese Gesellschaft zu festigen oder auszudehnen, war ein Exponent deren egalitären Charakters. Er war weit davon entfernt, ein Boß zu sein; er war nur der Stärkste unter Gleichen.
«Gesellschaft» ist ein ebenso unangemessener Begriff für das, was das Katzenhaus war; es handelte sich lediglich um eine unnatürliche Anhäufung von Katzen. Trotz der Hierarchie unter den Katern und einer großen Anzahl von horizontalen Beziehungen – freundlichen und feindlichen – wurde das Katzenvolk nicht durch gemeinsame Bedürfnisse, Zwecke oder ein Gruppengefühl zusammengehalten, sondern gerade nur durch die Schuppenwände. Das heißt nicht, daß die Katzen, vor die Wahl gestellt, lieber einsam gelebt hätten. Studien an natürlicheren Populationen haben ergeben, daß Katzen oft freiwillig in kleinen Gruppen zusammenleben. Ein wichtiges Merkmal solcher Gruppen ist, daß ihr Kern von Weibchen, sogar blutsverwandten Weibchen, gebildet wird. Solche Gruppen ließen sich im Alltagsleben des Katzenhauses kaum ausmachen, da sich die Weibchen alle freundlich zugeneigt waren. Diese Freundlichkeit aber, zusammen mit den Beobachtungen, die ich bei der Aufzucht von Kätzchen machen konnte, unterstützen die These, daß «Gesellschaft», wenn dieser Begriff auf Katzen angewandt werden kann, in den Beziehungen der Weibchen, nicht denen der Kater, stattfindet.

9 Geburten

Kurz vor zwei Uhr morgens, am 5. Juni 1980, fingen Pes Wehen richtig an. «Na endlich», dachte ich und war erleichtert, daß meine Berechnungen und Beobachtungen sich als richtig erwiesen hatten und meine Wache nicht vergeblich gewesen war. 63 Tage nach der erstmals beobachteten Paarung war Pe genau zur Zeit. Nach 60 Tagen hatte ich sie in den kleinen «Entbindungsraum» gebracht, der sich in einer Ecke des zweiten Schuppens befand. Da sie ein Jahr zuvor im selben Raum Junge geworfen hatte, erkannte sie ihn wieder und wußte, warum sie hier war; sie legte sich sogleich nieder. Ihre allgemeine Unruhe und Appetitlosigkeit seit dem 62. Tag (bis dahin hatte sie enorm gegessen), sowie die Schwellung ihrer Zitzen hatten mir angezeigt, daß die Geburt unmittelbar bevorstand.
Ich wurde nie müde zuzuschauen, wie neues Leben geboren wurde, und war stets gespannt auf die seltsamen neuen Farben und Muster der neugeborenen Kätzchen. Doch ich hatte in- und außerhalb des Katzenhauses viel Arbeit zu bewältigen und war von 6 Uhr morgens bis zum Nachtessen beschäftigt. Außerdem bin ich ein ausgesprochener Tagmensch. Nächtelange Wachen hatten deshalb nichts Anziehendes für mich, und da ich zu jener Zeit schon vielen Katzengeburten zugesehen hatte, blieb ich nur noch bei nervösen jungen Katzen, die zum erstenmal warfen, für den Fall, daß Hilfe nötig war. Erprobte Veteraninnen wie Pe ließ ich allein, sofern sie nicht eine zivilisierte Tagesstunde für ihre Niederkunft wählten.
Aber diesmal hatte ich besondere Gründe, eine Ausnahme zu machen. Pe war nicht nur ideal geeignet für Beobachtung und Fotografie, eine ausgezeichnete Mutter und menschenfreundlich selbst während der Geburt, sie war auch die letzte Katze dieses Jahres, die Junge warf. Deshalb konnte ich ihr und ihren Jungen mehr Raum geben als den Katzen, die früher geboren hatten, und war imstande, sie bei der Aufzucht ihrer Kinder unter idealen Umständen zu beobachten. Ich konnte also bei ihrer Niederkunft kaum mit Abwesenheit glänzen und war nach dem Abendessen ins Katzenhaus zurückgegangen, mit einer Thermosflasche voll Kaffee, einem Buch und ein paar Leckerbissen für Pe.
Ich war sicher gewesen, sie würde mich nicht lange warten lassen, aber wie immer hatten die Vorbereitungen für eine Nachtwache zur Folge, daß man auch eine Nachtwache bekommt. Es war fast, als wäre Pe, als sie mich so vorbereitet sah, zum Schluß gekommen, sie brauche sich nicht zu beeilen. Die nächsten paar Stunden verbrachte sie unruhig schlafend im Nest, das ich ihr gemacht hatte, oder auf meinem Schoß, wo sie unaufhörlich schnurrte. Es war 1 Uhr vorbei, die meisten Katzen außerhalb des Entbindungsraumes hatten schon lange aufgehört, herumzuwandern, zu miauen oder zu jaulen und waren schlafengegangen, und auch ich hatte zunehmend Mühe, die Augen offenzuhalten, als Pe Zeichen einer echten Unruhe zeigte, sich dauernd im Nest drehte und energisch ihre Vulva leckte.
Das erste Kätzchen erschien um 1.45 Uhr, sein rosa Näschen war deutlich sichtbar in der ballonartigen durchsichtigen Fruchtblase, die bei jeder Wehe weiter

Ich wurde des Anblicks von neuem Leben im Katzenhaus nie müde.

aus Pes Vulva drang. Diese Blase bricht meist, ehe das Kätzchen erscheint, in diesem Fall platzte sie erst, als die letzte Wehe das Kätzchen ganz nach draußen stieß, naß, schleimig und von Membranen umwickelt. Pe verlor keine Zeit, stemmte sich auf die Vorderbeine, streckte den Kopf nach hinten und wusch das Kätzchen und sich selbst; das Kätzchen zappelte gesund unter ihrer Zunge. Es war bald frei von Membranen, und Pe begann an der Nabelschnur zu kauen, bis sie sie etwa zwei Zentimeter vom Kätzchenbauch entfernt durchbiß. Sie leckte eifrig weiter und zog hin und wieder an der Nabelschnur, die aus ihrer Vulva hervorkam. Dann kam die Nachgeburt und verschwand blitzartig in Pes Maul.

Manche Tierarzt-Lehrbücher empfehlen, man solle die Mutterkatzen ihre Nachgeburten nicht fressen lassen, da sie abführten. Auch ich hatte bemerkt, daß einige Weibchen einen bis zwei Tage nach der Geburt unter leichtem Durchfall litten, aber nicht in beunruhigendem Ausmaß. Die abführende Wirkung kann sogar von Vorteil sein, denn es wird wohl schmerzhaft sein, wenige Tage nach einer Geburt harten Stuhl auszustoßen. Interessanterweise sind es nicht nur fleischfressende Tiere, die ihre Nachgeburten auffressen. Der Tierarzt Iwase-san, der auf Pferde spezialisiert war, sagte mir, auch Stuten fräßen manchmal einen Teil ihrer Nachgeburt, und viele Pferdepfleger – wenigstens in Japan – sähen das gerne, weil sie glaubten, der Milchfluß werde so gefördert. Ob es für diesen Glauben wissenschaftliche Anhaltspunkte gibt, weiß ich nicht, aber auch ich ließ die Katzen gerne ihren natürlichen Instinkten folgen. Denn diese Instinkte waren der Art ja nützlich, wie ihre erfolgreiche Verbreitung bewies.

Pes erstes Kätzchen war ein rotweißes Männchen. Das zweite, eine blauweiße Schildpattkatze, wie ich zu meinem Entzücken feststellte, wurde eine halbe Stunde später geboren. Dann kamen im Abstand von etwa zwanzig Minuten nochmals eine rotweiße, diesmal ein Weibchen, eine Schildpattkatze mit Pes Farben, und schließlich ein schwarzweißes Männchen. Insgesamt waren es fünf. Beide Schildpattkatzen waren Weibchen – es war wohl zuviel erwartet von Pe, die so regelmäßig und schnell gebar, daß sie uns ein Schildpattmännchen bescheren würde, aber ich schaute stets nach einem solch seltenen Geschöpf aus. Zwei Stunden lang, von der Geburt des ersten Kätzchens an gerechnet, war Pe ein Bild der Geschäftigkeit; sie ruhte von ihrem pausenlosen Lecken nur dann aus, wenn die Wehen ein weiteres Kätzchen in die Welt stießen. Manchmal schnurrte sie bei der Arbeit, und am Ende, als alle fünf Kätzchen trocken und gesund an ihren Zitzen lagen, klang ihr Schnurren laut und abgrundtief zufrieden; noch lauter wurde es, als ich sie kraulte und ihr gratulierte. Etwas in ihrem Ausdruck müder Zufriedenheit sagte mir, daß kein Kätzchen mehr in ihr drin war, und so sagte ich gute Nacht und ging hinaus.

Obschon sie mich fast die ganze Nacht wachgehalten hatte, hatte Pe, kaum hatten die Wehen eingesetzt, keine Zeit verloren; manche Weibchen, bei deren Niederkunft ich anwesend war, hatten zweimal so lang oder gar noch länger gebraucht. Es war kurz nach vier, der östliche Horizont hatte sich orange gefärbt und das Katzenhaus war nicht mehr dunkel. Viele Katzen waren schon auf und wanderten herum, und auch die anderen kamen heran, als sie hörten, wie ich niboshi auf den Boden streute. Ich füllte Trockenfutter auf, ersetzte das Sägemehl in einigen Kisten, wischte, und ging dankbar zu einem frühen Frühstück und dann ins Bett.

Eine Mutter durchbeißt die Nabelschnur ihres ersten Kätzchens. Neugeborene Kätzchen übten auf junge Katzen einen mächtigen Beutereiz aus und mußten vor den Insassen des Katzenhauses geschützt werden.

Im Hinblick auf meine Absicht, die Katzen des Katzenhauses ohne Eingriff sich selbst zu überlassen, ist der Leser vielleicht befremdet, daß ich trächtige Weibchen für die Geburt in ein Separatzimmer brachte und sie dort während der ersten paar Wochen mit ihren Kätzchen isolierte. Hätte ich aber werdende Mütter bei den übrigen Katzen gelassen, so hätte das die meisten oder alle Neugeborenen zum Tod verurteilt und die Mütter zu großem Leiden. Ich wußte das, weil im Haupthaus zwei Katzen nicht isoliert wurden und die meisten ihrer Kätzchen schon während des Geburtsvorgangs verloren hatten.
Damals hatte ich nichts mit Katzenpflege zu tun. Volle Verantwortung trifft mich aber für eine ähnliche Tragödie, die das Katzenhaus im ersten Frühjahr erlebte. Eines Morgens fand ich die halbverzehrten Überreste dreier Kätzchen und ein verständlicherweise verzweifeltes Weibchen. Entweder hatte ich schlecht aufgepaßt bei der Paarung, oder sie hatte vorzeitig geboren, auf alle Fälle hatte sie ihren ganzen Wurf verloren. Zwar wußte man nichts Genaues über den Grund dieser Tragödie, aber es gab die plausible Vermutung, daß Halbwüchsige beider Geschlechter daran schuld waren; zwei davon fanden wir mit noch lebenden,

aber bös verletzten Kätzchen im Maul. Rattengroß und zappelnd, nach Fruchtwasser und Blut riechend, hohe Schreie ausstoßend, sahen Kätzchen für junge Katzen wie Beute aus. Sie hatten noch nie kleine Kätzchen gesehen und ihr Jagdtrieb, der im geschlossenen Haus kein Ventil fand, wurde wohl beim Anblick eines geeigneten Objekts angeregt.
Es gibt noch andere Gründe, warum neugeborene Kätzchen unter solchen Bedingungen kaum überleben würden. Einer davon ist die Tatsache, daß ein Weibchen unmittelbar vor und nach der Geburt für Kater sehr anziehend riecht und sie deshalb dauernd belästigt wird. Mit einem oder zwei mag sie wohl fertigwerden, aber die Notwendigkeit, ganze Scharen abzuwehren, würde sie beim Gebären und bei der Kätzchenpflege behindern. Ferner gibt es Weibchen, besonders solche, die schon Kinder hatten, deren mütterliche Instinkte durch die Neugeborenen einer anderen Katze wachgerufen werden, und die manchmal die Kätzchen der wirklichen Mutter stehlen. Oder sie versuchen, beim Säugen der Kätzchen zu helfen, und bei dieser großen Anzahl von Katzen würden die Neugeborenen dabei ersticken. Schließlich darf man die seelische Pein der Mutterkatze nicht außer acht lassen, die ihre persönlichste und privateste Aufgabe in aller Öffentlichkeit erfüllen muß. Wer darf sie tadeln, wenn sie einfach aufgibt oder sogar ihre eigenen Kätzchen bei der Geburt auffrißt?

Jede wilde Mutterkatze, die Beute suchen muß, während sie ihre Kätzchen säugt, hätte Pe zweifellos beneidet. In einem warmen und völlig sicheren Raum, mit

Eine endlose Folge von Saugen und Schlafen. Wenn die Kätzchen einander stießen, rollte sich Pe weiter auf die Seite, damit sie besser an die Zitzen gelangten.

reichlicher Nahrung versehen, konnte sie ein relativ müßiges und angstfreies Leben führen und ihre gesamte Zeit den Kätzchen widmen. Während der ersten Woche verließ sie das Nest nur, um auf die Toilette zu gehen, zu fressen oder, wenn nachmittags die Sonne in ihr Zimmer schien, sich ein halbstündiges Sonnenbad zu gönnen. Kam sie ins Nest zurück, leckte sie ihre Kätzchen schnurrend und energisch; besonders befaßte sie sich mit den Hinterteilchen, und leckte dann Urin und Kot auf, die die Massage produziert hatten.

Pes Kätzchen schienen ein sogar noch einfacheres Leben zu führen, gefangen in einem endlosen Zyklus von Saugen und Schlafen, Saugen und Schlafen. Zu einem kleinen Bündel zusammengekuschelt, oder eins neben dem anderen an Pes Zitzen saugend, boten sie ein Bild vollkommener Zufriedenheit und Glücks. Bei näherem Zusehen erwies sich aber, daß die Friedlichkeit an den Zitzen durchaus nicht vorgegeben, sondern das Resultat eines Machtkampfes war, den die Kätzchen fast von der ersten Fütterung an führten. Dieser Kampf bestimmte, einfach gesagt, wer an welcher Zitze saugen durfte. Ich beobachtete Pes Kätzchen drei- bis viermal am Tag während zwei Wochen und entdeckte, daß jedes Kätzchen eine bestimmte Zitze bevorzugte und daß in den meisten Fällen solche Vorlieben am ersten oder zweiten Lebenstag festgelegt wurden und gewöhnlich lange Zeit unverändert blieben.

Diese Vorlieben ließen sich dramatisch nachweisen, indem man die saugenden Kätzchen austauschte. Ein solcher Unfug hatte jeweils eine kurze, aber heftige Balgerei unter den Kätzchen zur Folge, sie krochen unter- und übereinander, stießen mit den Hinterbeinchen und ruderten mit den vorderen, jedes entschlossen seiner Nase folgend, bis es die Zitze erreicht hatte, die seinen eigenen Geruch trug. Ich wußte von dieser «Zitzenterritorialität» lange, bevor ich mich mit Katzen befaßte, aber über ein solches Phänomen in einem trockenen Lehrbuch zu lesen und es vor seinen Augen geschehen zu sehen, ist nicht das Gleiche. Der Anblick dieser winzigen neugeborenen Kätzchen, die über einen scharfen Geruchssinn, aber noch beschränkte Bewegungsmöglichkeiten verfügten und die bereits ihre Körper- und Willenskraft einsetzten, um das erste Territorium ihres Lebens zu verteidigen – dieser Anblick beeindruckte mich immer wieder.

Stets sind es die körperlich und willensmäßig stärksten Kätzchen, die die hintersten Zitzen für sich beanspruchen, wo die Milch am reichlichsten fließt. Die Schwächlinge eines Wurf würden, könnten sie sprechen, gegen den Ausdruck «Vorliebe» in ihrem Fall protestieren, denn sie werden durch ihre stärkeren Geschwister gezwungen, sich mit den weniger ergiebigen Vorderzitzen zu begnügen. Sie dürfen an den hinteren Zitzen saugen, wenn sie frei sind, und tun dies auch, sobald aber der «Eigentümer» erwacht und saugen will, schubst er sie ohne Schwierigkeiten weg. Alle außer den schwächsten Kätzchen verteidigen ihre eigenen Saugbereiche selbst gegenüber stärkeren, was der örtlich bedingten Rangordnung (relativen Gesellschafts-Hierarchie) erwachsener Katzen entspricht. Muß eine freilebende magere Mutterkatze sechs oder sieben Kätzchen ernähren und gleichzeitig auf Futtersuche gehen, so ist die unterschiedliche Stärke der Neugeborenen für das Überleben entscheidend; Kätzchen, die die ergiebigsten Zitzen mit Beschlag belegen, werden fett auf Kosten ihrer schwächeren Geschwister. Mit Pe gab es diese Sorge nicht. Fett war sie zwar nicht, aber sie fraß reichlich und hatte mehr als genug Milch für ihren Nachwuchs, deren Bäuchlein stets gesund und rund waren.

Träumt es von den Zitzen se
Mutter?

Pe bekommt die Krallen eine
Kätzchens ins Auge. Wie alle
Mutterkatzen war Pe mit ihre
Kätzchen sehr geduldig, sola
sie noch klein waren.

Die Zitze, an der ein Kätzchen saugte, war immer dieselbe, egal auf welcher Körperseite Pe lag. Nach einer gewissen Zeit veränderte sie jeweils ihre Lage. Dadurch erleichterte sie das Saugen denjenigen Kätzchen, die bis dahin oft unter Schwierigkeiten an der unteren Zitzenreihe gesaugt hatten, weil die Zitzen nun oben waren. Ob Pe sich nur wegen der eigenen Bequemlichkeit anders hinlegte, wie es alle Tiere im Schlaf tun, oder ob sie bewußt an die Bedürfnisse ihrer Kätzchen dachte, weiß ich nicht. Aber wenn die Kleinen rauften, rollte sie sich stärker rückwärts, und es war deutlich, daß sie so den Kätzchen an den unteren Zitzen helfen wollte, bequemer zu saugen.
Für mich gibt es kaum einen rührenderen Anblick als den eines Wurfes von Kätzchen, wie sie sich vollsaugen und dann eines nach dem anderen die Zitze losläßt und in tiefen Schlaf versinkt. Manchmal zucken die Pfötchen und das Mäulchen eines Kätzchens bleibt noch kurze Zeit offen, die Zunge etwas herausgestreckt und in die Form gerollt, die sie beim Trinken hatte. Wenn man genau aufpaßt, hat man vielleicht das Glück zu sehen, wie dieses winzige rosa Zünglein perfekte Saugbewegungen ins Leere hinaus vollführt, als ob das Kätzchen von der Süße und Wärme träumte, die von den Zitzen der Mutter kommen. Vielleicht der einzige Traum, den es so früh im Leben haben kann – obschon der Himmel weiß, wie die Zitzen in den Träumen eines Kätzchens aussehen, dessen Augen noch fest geschlossen sind.

Pes Kätzchen waren zwei Wochen alt, als ich sie zum erstenmal herumrollen sah, um sich gegenseitig an Schwanz, Beinen und Gesicht zu erwischen. Nun kam also eine dritte Dimension – Spiel – in den Zyklus von Saugen und Schlafen, der ihr Leben bis dahin beherrscht hatte. Ihre Augen waren seit einigen Tagen offen und selbst in der dunklen Eingeschränktheit ihres Nests begannen sie zu erkennen, daß die Welt mehr enthielt als die Zitzen der Mutter und daß Geschwister mehr waren als warme Kissen und hin und wieder Hindernisse beim Trinken. Die Kätzchen spielten nicht nur miteinander, sondern auch mit ihrer Mutter Pe, die sich nie wehrte, wenn sie auf sie eintrommelten, und es stoisch ertrug, wenn ein nadelscharfes Krällchen sie an Nase oder Auge erwischte. Zuweilen, wenn sie es sich in den Kopf gesetzt hatte, ein spielendes Kätzchen zu waschen, befahl sie ihm stillzuhalten, indem sie es kurz, aber entschlossen am Nacken packte.
Außer dem Entbindungsraum, den Pe bewohnte, gab es noch zwei weitere Räume im Gebäude, Wöchnerinnenzimmer und Kinderzimmer genannt. Letzteres schuf ich, indem ich einfach eine große Ecke des ersten Schuppens mit einem Stück Golfnetz von Mutsu-san abtrennte. Während der «Kätzchensaison» wohnten dort Mütter mit ihren vier bis sieben Wochen alten Kätzchen, und von dort aus wurden sie ins Katzenhaus entlassen. So, nur durch ein Netz vom Rest des Gebäudes getrennt, bekamen die Kätzchen eine Vorstellung von der Welt, in der sie leben würden, und lernten die anderen Katzen ein wenig kennen, während die Mütter noch in Frieden für sie sorgen konnten. Das Wöchnerinnenzimmer lag zwischen Entbindungsraum und Kinderzimmer, im Raum zwischen den beiden Schuppen, den ich mit durchsichtigen Plastikfolien überdacht hatte. Mutterkatzen und ihre Kätzchenschar wohnten hier während einiger Tage oder ein bis zwei Wochen, je nach «Warteliste» für den Entbindungsraum. War keine Kätzchensaison, so standen Kinder- und Wöchnerinnenzimmer allen Bewohnern offen.

Pe trägt Chestnut ins neue Nest hinüber.

Da 1980 Pe die letzte Katze war, die Junge bekam, konnte ich sie so lange im Entbindungszimmer lassen, wie ich wollte. Da aber der Wöchnerinnenraum größer und heller war, übersiedelte ich sie, sobald die vorherigen Bewohner fürs Kinderzimmer reif waren. Ich bereitete ihr neues Nest vor, öffnete die Türen zwischen den beiden Räumen, bezog mit der Kamera Stellung und rief Pe. Ich wußte, den Rest würde sie selbst erledigen, denn wie jedermann weiß, der je eine Mutterkatze mit Jungen betreute, sind Katzen geborene Umzieher. Selbst wenn eine trächtige Katze sich herbeiläßt, in dem für sie vorbereiteten Nest zu gebären, wird sie nach ein oder zwei Wochen alle Kätzchen in den Kleider- oder Besenschrank tragen; der ahnungslose Besitzer kann sich nicht vorstellen, wieso. Er sollte ihr das aber nicht übelnehmen, denn mit ihrem Verhalten beweist sie nur, welch sorgsame und liebevolle Mutter sie ist.

Umziehen ist ein instinktives Verhalten und in der natürlichen Umgebung, in der es sich entwickelte, sehr sinnvoll. Eine kluge Mutter bringt ihre Kätzchen von Zeit zu Zeit woanders hin; selbst wenn sie in der Nähe des Nestes nie den Geruch von Raubtieren gefunden hat, wird es dann schwieriger für Füchse und Wiesel, die Kätzchen zu finden. Ebenso spielt Nesthygiene eine wichtige Rolle; ein häufiges Auswechseln des Neststrohs verminderte denn auch den Drang vieler Mütter, den Ort zu wechseln. Mit ungefähr zwei Wochen können Kätzchen schon spontan urinieren und Kot absetzen, und tun das immer häufiger am Nestrand. Kot kann die Mutter zwar fressen, aber Urin kann sie nicht entfernen, und abgesehen von der Unannehmlichkeit eines nassen Bettes zieht der Geruch abgestandenen Urins die Raubtiere nur noch mehr an.

In wenigen Minuten war Pe umgezogen. Sie kannte das Wöchnerinnenzimmer schon und schaute sich nur kurz um, widmete aber ihr Augenmerk vor allem dem neuen Nest, das ich ihr vorbereitet hatte. Sie genehmigte es, ging zielbewußt in den Entbindungsraum zurück und kam ein paar Sekunden später mit einem Kätzchen in der Schnauze zurück. Sie legte es ins Nest, holte sofort das nächste und dann wieder eines, bis alle fünf sicher im neuen Nest waren. Katzen können nicht zählen, und so handelte Pe klug, als sie noch zweimal zum alten Nest zurückkehrte, um sich zu vergewissern, daß sie kein Kätzchen vergessen hatte. Als sie zufrieden schien, schloß ich die Tür.

Für Pe war es leicht, denn sie brachte ihre Kätzchen in einen leeren Raum. Häufig geschah es nämlich, daß der Raum bereits von Katzen besetzt war, die ebenfalls Junge hatten. Selbst wenn das neue Weibchen von den andern akzeptiert wurde, gab es, wenn ich den Umzug den Müttern überließ, so große Probleme, daß ich fast immer eingreifen mußte. Einmal wollte ich zum Beispiel zwei Familien miteinander vereinen; die Mütter waren Schwestern und kamen glänzend miteinander aus und sie hatten etwa zur gleichen Zeit geboren. Als ich die Verbindungstür öffnete, kam jede in den Raum der andern; sie begrüßten einander liebenswürdig – es war offensichtlich, daß sie einander erkannten – und jede ging das Nest mit den Kätzchen der anderen inspizieren. Von da an wurde es komisch. Was für die eine Schwester ein «altes» Nest war, war für die andere natürlich «neu», und beide schickten sich sofort an, ihre Kätzchen (zufällig hatte jede vier davon) ins «neue» Nest zu transportieren, mit dem Ergebnis, daß die beiden Würfe zwar gründlich miteinander vermischt waren, aber in jedem Nest ungefähr gleichviel Kätzchen lagen. Da ich an dieser heiklen Situation schuld war, war es sicher herzlos von mir zu lachen, aber ich konnte nicht anders. Humor entsteht aus paradoxen Situationen, und hier lag ein klassisches Paradoxon vor – soviel Arbeit und so vollkommen fruchtlos! Manchmal hielt die eine Katze, mit einem Kätzchen in der Schnauze höflich vor der Tür an, um ihre Schwester, die ebenfalls ein Kätzchen trug, den Vortritt zu gewähren, und keine zeigte auch nur den leisesten Anschein von Verwirrung. Wieder einmal wurde ich Zeuge, wie Instinkt glorreich über Vernunft und Intellekt siegte, ein eindrückliches und komisches Schauspiel.

Ich dachte, mit der Zeit würde sich das Problem lösen, besonders, als sich eine der Mütter in ihrem «neuen» Nest niederließ, aber da hatte ich zuviel erwartet. Sobald ihre Schwester erschien, um ein weiteres Kätzchen fortzutragen, machte sie sich auch wieder an die Arbeit. Hätte ich die beiden sich selbst überlassen, wäre vielleicht bis zum Abend eine Lösung gefunden worden, aber nach einer

Stunde hatte ich genug. Ihr Instinkt und ihre Energie schienen zwar unerschöpflich, doch das Lachen war mir schon lange vergangen. Mitleid mit den Kätzchen, eher als mit ihren offenbar unbeirrbaren Müttern, überwältigte mich. Ich füllte eine frische Kartonschachtel mit Stroh, legte beide Familien hinein, schloß den Durchgang zwischen den Zimmern und überließ es den Schwestern, mit dieser Situation fertigzuwerden. Zu meiner Erleichterung brachten sie das sehr rasch fertig, nachdem sie einmal begriffen hatten, daß es keine Alternative gab.
Pes Kätzchen krabbelten mit etwa drei Wochen aus dem Nest, und binnen einer Woche kannten sie jeden Quadratzentimeter ihres Raumes. Ich war sehr froh zu sehen, daß sie immer häufiger ein richtiges Kistchen benutzten, denn bald brauchte ich nicht mehr jeden zweiten Tag das Stroh zu wechseln. Die Kätzchen wurden immer aktiver und unbotmäßiger, und Pe blieb nichts übrig, als sie nach Belieben kommen und gehen zu lassen. Aber auch wenn sie nicht im Nest waren, wachte Pe; stets war sie bereit, sich zwischen sie und die Wand zu stellen, wenn sie dahinter Hunde schnüffeln hörte. Gewöhnlich beachteten Pe und die anderen Katzen die Hunde nicht, da diese ja keine Möglichkeit hatten, ins Katzenhaus zu gelangen, doch jetzt überließ Pe nichts dem Zufall. Hörte sie die Hunde herankommen, scheuchte oder rief sie die Kätzchen ans andere Ende des Zimmers, und die Kleinen lernten auf diese Weise auf der Hut zu sein vor allem, was wie «Hund» roch oder klang.
Nach einem Monat bedienten sich die Kätzchen bereits mit Pes Fisch und Reis, und Pe schien nur zu glücklich, sie gewähren zu lassen. Muttermilch wurde immer mehr zu einem Luxus, einem Luxus, den Pe ihren Kätzchen immer weniger gern bot. Wenn man sah, wie sie sich jetzt auf die Zitzen stürzten und sie fast ausrissen, konnte man Pe für ihr abweisendes Verhalten kaum tadeln.

Mein Interesse konzentrierte sich hauptsächlich auf das Sozialverhalten und weniger auf das Jagdverhalten der Katzen, deshalb gab ich mir keine große Mühe, ihnen regelmäßig Ratten zu verschaffen. Aber zu ihrer Unterhaltung, und weil ich den Kätzchen unbedingt einen Geschmack dessen geben wollte, was sie normalerweise würden tun müssen, und zwar zu einem Zeitpunkt, an dem sie für den Beute-Stimulus am empfänglichsten waren (viele unserer älteren Katzen, die als Kätzchen keine Beute gezeigt bekamen, bekundeten keinerlei Interesse für Ratten) – aus diesen Gründen also stellte ich in Ställen und Außengebäuden Fallen auf. Diese fingen die Opfer lebendig, und ich gab jeweils die ausgewachsenen Ratten den erwachsenen Katzen und die jungen den Kätzchen. Leider waren die meisten gefangenen Tiere wahre Monster, denen oft nur die Mutigsten unter unseren Rattenfängern gewachsen waren, keinesfalls aber Kätzchen. Doch eines Tages im Juli, als Pes Kätzchen wenig mehr als fünf Wochen alt waren, platzte Chiyoko in Pes Zimmer mit der Nachricht, sie habe eine junge Ratte in der Falle gefunden – gute Neuigkeiten für die Kätzchen, wenn auch nicht für die arme Ratte.
Mutterkatzen spielen bei der Jagderziehung ihrer Jungen eine sehr große Rolle, und so schloß ich sie niemals aus, wenn ich eine Ratte für die Kleinen hatte. Wir

ließen Pe und die Kätzchen die Beute beschnuppern, während sie noch in der Falle saß, und gaben sie dann frei. Für Pe war es die erste Ratte seit langem, und ihre Aufregung war so groß, daß sie sie augenblicklich fing und tötete. Die Kätzchen hatten also keine Chance, das Tier auch nur rennen zu sehen. Unbeweglich hockte Pe den Kätzchen gegenüber, die Ratte fest im Maul und mit wildem Gesichtsausdruck. Ein Kätzchen, das neugierig herankam, wurde durch ein tiefes Grollen Pes sofort vertrieben. Die Jungen hörten einen solchen Ton zum erstenmal und waren überrascht, aber sie schienen die Bedeutung verstanden zu haben, denn sie kletterten alle ins Nest, als wüßten sie, daß Pe nicht gestört zu werden wünschte.
So blieb sie während zwei Minuten hocken, die Ratte im Maul und sehr erregt; hin und wieder grollte sie. Doch plötzlich änderte sich ihre Haltung; sie war noch immer gespannt, aber die Wildheit schwand aus ihren Augen. Sie ließ die Ratte fallen und rief ihre Kätzchen, mit einem lockenden Ruf, der deutlich verschieden war vom Ruf «Milch» oder von anderen den Kleinen vertrauten Rufen. Ich hatte eine solche Situation schon ein paarmal gesehen und erkannte den Ruf sofort; er besagte «Beute». Auch diesen Ruf hörten Pes Kätzchen zum erstenmal, und da Pe bis jetzt eine drohende Haltung eingenommen hatte, waren sie nicht sicher, ob sie kommen sollten.
Diesmal hatten sie recht zu zögern, denn Pe schien unschlüssig, was sie tun sollte. Sie blieb still, als eins der Kätzchen sich näherte, aber dann packte sie plötzlich wieder ihre Ratte und grollte, und das Kätzchen blieb stehen. Kaum hatte es sich abgewandt, ließ Pe die Ratte fallen und rief wieder. Es war kompliziert. Mir schien, in ihr kämpften zwei Instinkte; einer war der der guten Mutter, die ihre Kätzchen erzieht, der andere der des einsam jagenden Tieres, dem die Beute gehört. Da sie so lange nicht getötet hatte, schien der letztere Instinkt in Pe so stark, daß er den ersteren zu verdrängen drohte, doch am Ende trug die «Mutter» den Sieg davon. Als die Kätzchen wieder zu ihr kamen, blieb sie still und ließ sie unter ihrer Nase die Ratte beschnuppern.
Die Kätzchen inspizierten zunächst das Tier von Kopf bis Schwanz, dann setzten sie sich hin, stellten die Ohren auf und streckten vorsichtig eine Pfote aus. Ihre ersten Schubser gegen die tote Ratte waren sehr sanft, aber bald steigerten sie sich zu richtigen Schlägen mit ausgestreckten Krallen. Sie stießen die Ratte hierhin und dorthin, warfen sie hoch, packten sie mit den Pfoten, zogen sie zum Maul und nagten kurz daran, ehe sie sie wieder auf den Boden fallen ließen. Pe saß stockstill hinter den Kätzchen, die Augen in glühender Konzentration auf die Ratte geheftet.
Als die Kätzchen nach fünf Minuten langsam das Interesse verloren, streckte Pe eine Pfote aus und erweckte das tote Tier sozusagen wieder zum Leben, um ihre Jungen zu einem weiteren Spiel zu animieren. Zwei der Kätzchen, die ihren Geschwistern bis jetzt nur gebannt zugeschaut hatten, kamen den Leichnam beschnüffeln. Eines davon wurde aktiv, warf die Beute in die Luft, sprang darauf, biß mit aller Macht hinein und grollte gegen die Geschwister, die sich näherten. Kätzchen sind nie halbherzig bei einem Spiel, aber es war klar, daß die Ratte nicht einfach ein Spielzeug war. Sie löste intensivere Gefühle aus und erregte in den spielenden Kätzchen zum erstenmal das Jagdfieber. Aus irgendeinem Grund waren zwei der Kätzchen diesem Stimulus noch nicht zugänglich; sie zeigten nur flüchtiges Interesse. Aber die anderen drei boxten während mehr als einer Stunde

Auf Pes Rufe hin nähert sich Raspberry der Ratte noch etwas unsicher. Stockstill und konzentriert beobachtet Pe, wie ihre Kätzchen mit der Ratte spielen.

abwechselnd auf die Ratte ein. Pe ließ sie machen und überwachte sie aus der Ferne mit einem zustimmenden Blick.
In den folgenden zwei Wochen fingen wir nochmals zwei junge Ratten. Die erste tötete Pe wieder sofort, rief aber gleich darauf die Kätzchen und überließ ihnen die Ratte.
Diesmal machten alle fünf Kätzchen mit und zwei begannen sogar, an den Hinterbeinen der Beute zu nagen. Pe selbst zeigte, wie viele unserer Katzen, keine Vorliebe für das Fleisch von Ratten, obwohl sie sie stets bereitwillig genug tötete. Jagdtrieb und Nahrungsaufnahme sind deutlich zwei verschiedene, voneinander unabhängige Triebe. Katzen sind wunderbare Jäger, aber auch sie haben bei der Jagd mehr Mißerfolge als Erfolge. Es ist deshalb für sie nützlich, bereit zum Töten zu sein, wann immer sich eine Gelegenheit dazu bietet, und nicht nur, wenn sie hungrig sind.
Ihre dritte Ratte bekamen die Kätzchen ein paar Tage später, als sie schon im Kinderzimmer wohnten. Zuerst dachte ich, Pe habe auch dieses Tier so rasch getötet wie die ersten zwei; es schien völlig leblos, als sie es in der Schnauze hielt und ihre Kätzchen rief. Doch dann ließ sie es los, und ich erkannte, daß es quicklebendig und unverletzt, wenn auch vom Schock gelähmt war. Die Fähigkeit der Katzen, Beute lebendig zu fangen, und die Gewohnheit der Mutterkatzen, den Jungen an einem gewissen Punkt ihrer Jagderziehung lebendige Beute zu präsentieren, ist bekannt. Wird man aber Zeuge einer solchen Jagd, von dieser Schnelligkeit und Präzision, die zum Töten nötig sind, ohne daß die Beute verletzt wird, so wird dem menschlichen Beobachter weit mehr als durch die Lektüre eines Berichts diese wunderbare Koordination der Nerven bewußt, die Katzen besitzen. Der Anblick allein erfüllte mich jedesmal mit Ehrfurcht.
Pe war offensichtlich der Meinung, die Kätzchen seien bereit für lebende Beute, doch nicht für jede lebende Beute. Etwas später ließ ich eine viel größere Ratte ins Kinderzimmer. Pe war eine tüchtige Rattenfängerin, aber nicht eine der tapfersten; «Monster» ging sie nur zögernd an. Diesmal jedoch verlieh ihr ihre Sorge um die Kätzchen Mut, und sie erledigte das «Monstrum» ohne jedes Zögern.
Pes Kätzchen schienen nicht genau zu wissen, was sie mit der lebenden jungen Ratte tun sollten; sie scharten sich um sie und starrten sie an. Die Ratte verhielt sich unbeweglich, was den Kätzchen nicht weiter half, denn Katzen reagieren weit mehr auf ein bewegliches Ziel als auf ein stillstehendes. Pe schien das zu begreifen, sie streckte eine Kralle aus und stieß die Ratte an, so daß sie ein paar Schritte tat. Einige der Kätzchen ahmten sie etwas unsicher nach. Die Ratte war immer noch schockgelähmt und rannte nicht weg. Wurde sie angestoßen, erhob sie sich auf die Hinterbeine und schaute ihren Angreifer an, dann bewegte sie sich etwas weiter. Die Kätzchen folgten ihr gemächlich während etwa fünf Minuten, schließlich sprang die Ratte in eine Schale mit Trockenfutter.
Zu meiner Verblüffung nahm sie mit den Vorderpfoten einen Brocken auf und begann daran zu nagen. Vielleicht hatte sie die ganze Nacht über in der Falle gesessen und war jetzt hungrig, doch dieser plötzliche Appetit war fast sicher auch

Die junge Ratte hatte tot ausgesehen, war aber noch quicklebendig. Die Kätzchen wußten vorerst noch nichts mit ihr anzufangen.

Ganko markiert den Zweig eines Baumes im Katzenhaus mit seinem Geruch.

Unten links: Der junge Kagetora, «Schattentiger», als seine freche Selbstsicherheit dem Samurai, nach dem er benannt war, noch Ehre machte.

Unten rechts: Der erste und bisher einzige Dauer-Paria des Katzenhauses. Unangreifbar auf seinem Pfosten, wehrt Kagetora Kenbo ab. Die Narbe auf seinem Hinterbein zeugt von seinem Status.

Oben: Kagetora sicher und warm, aber einsam, in seinem Kistchen unter den Dachsparren.

Fütterungszeit im Katzenhaus: demokratische Zustände

Chiyoko, in einem Meer von Katzen stehend, verteilt Fisch.

Eine Katze, die sich an einem Lieblingsplatz niedergelassen hat, verteidigt ihn oft gegen Überlegene. Hier schaut Sha glatt durch Mo hindurch, der ihn bedroht.

Wenn es um den Besitz von Beute geht, spielt die Rangordnung keine Rolle.

Drei Generationen: Pe, ihre Töchter Chestnut und Plum und die vereinigten Würfe.

Willkommen in der Welt.

eine Verdrängungshandlung, die aus ihrer Verwirrung über ihre Lage entstanden war. Wie auch immer, das Fressen brachte etwas mehr Leben in sie, und als eines der Kätzchen sie jetzt anstieß, sprang sie aus der Schale und rannte schnell davon. Diese plötzliche Schnelligkeit besiegelte ihr Schicksal, denn nun entwickelten die Kätzchen Begeisterung für die Jagd. Dann verschwand eines der Kätzchen hinter der Ratte unter einem niedrigen Brett und alles war vorbei. Ich kauerte nieder und sah, daß das Kätzchen die Ratte schon im Maul hatte und seine Geschwister grollend fernhielt. Es war völlig klar, daß das Opfer tot war. In den Augen des Kätzchens sah ich denselben wilden Blick, den ich damals bei Pe beobachten konnte, als sie die erste Ratte getötet hatte. Das Kätzchen hatte zum erstenmal getötet und wußte das.

Pe und ihre Kätzchen waren eine Woche im Kinderzimmer gewesen. Ich hatte Pe zweimal täglich herausgelassen; sie war gern gegangen, doch nach etwa einer Stunde zeigte sie stets den Wunsch, zu ihren Kindern zurückzukehren, indem sie um die Tür zum Kinderzimmer herumstrich und Einlaß begehrte. Jetzt waren ihre Kätzchen fast sieben Wochen alt. Am Tag, an dem sie, oder wenigstens eines davon, in die Kunst des Tötens eingeführt worden waren, öffnete ich die Tür des Kinderzimmers und ließ sie in die Welt der Erwachsenen eintreten.

10 Aspekte der Mutterschaft

1980 war das Jahr eines Baby-Booms im Katzenhaus: Ein nicht abreißender Strom von Weibchen gebar Kätzchen von Anfang März bis Ende Juni. Selbst mit den beiden Räumen, die mir für junge Mütter zur Verfügung standen, mußte ich die Weibchen, deren Nachwuchs ungefähr gleich alt war, im selben Quartier halten, auch wenn sie sich dagegen sträubten. Es waren also äußere Umstände und nicht Experimentierfreude, die mir die Entdeckung bescherten, daß Weibchen mit Jungen eine gemeinsame Einquartierung meist nicht nur duldeten, sondern sogar vorzogen. Ich war überzeugt gewesen, daß selbst Weibchen, die normalerweise friedlich und freundlich zu anderen Katzen waren, sich als Mütter ganz anders verhalten würden. Mutterkatzen sind ja dafür berühmt, daß sie jeden Eindringling angreifen, der ihre Kätzchen bedrohen könnte. Auch wenn ein fremdes Weibchen keine Bedrohung darstellte, war nicht zu erwarten, daß es warm empfangen würde. Meine Befürchtungen bewahrheiteten sich in einigen Fällen, als ein Weibchen gegenüber einer Neu-Zuzügerin so aggressiv wurde, daß ich den Raum weiter unterteilen oder die schwierige Katze und ihre Familie in unseren Zimmern im Haupthaus unterbringen mußte. Man kann sich meine Freude – nicht nur aus wissenschaftlichen, sondern auch logistischen Gesichtspunkten – vorstellen, als die große Mehrheit der Katzen sich friedlich anschickte, ihre Kätzchen gemeinsam aufzuziehen.

Ich konnte zwar nicht jeder Katze ein eigenes Zimmer geben, hielt jedoch darauf, daß jede ihr eigenes Nest hatte. Das erwies sich als unnütz; kaum hatte ich eine Katze und ihre Familie im Wöchnerinnenzimmer in ein Nest gesetzt, kamen die anderen dort wohnenden Katzen neugierig herbei und trugen sofort die Kätzchen in ihr eigenes Nest. Die Neue protestierte überhaupt nicht, sondern untersuchte ihrerseits den Raum, fand die Jungen der anderen Katzen und eignete sie sich an, als ob sie sie attraktiver fände als die eigenen. Ich hatte sechs Nester in jedem Raum installiert, aber sehr schnell verschmolzen zwei oder mehr Familien zu einer einzigen, und die Mütter sorgten ohne Unterschied für eigene und für fremde Kinder. Diese Neigung, Würfe zusammenzulegen, zwang mich, in aller Eile «Wohnkomplexe» zu konstruieren, nämlich große Schachteln, die durch Bretter unterteilt wurden, wobei sich die Bretter herausheben und je nach Bedarf Großnester herstellen ließen. Damit wurde die Gefahr, daß schwächere Kätzchen erstickten, verringert. Selbst bei einem einzigen Wurf kann es vorkommen, daß eine Mutter versehentlich ein schwaches Kätzchen erstickt, das sich aus Atemnot weder freikämpfen noch mit Schreien die Aufmerksamkeit der Mutter erregen kann. Diese Gefahr ist umso größer, wenn mehrere Würfe beisammen sind, denn auch wenn sie viel Platz haben, neigen Mütter und Kinder dazu, in einem großen Haufen zusammenzuliegen.

Fast alle dieser Gemeinschaftskinder überlebten nicht nur, sondern führten ein Luxusleben. Einmal hatte ich sechs Mütter, die in einem einzigen großen Nest achtzehn Kätzchen säugten. Die «Zitzen-Territorialität» war vollständig aufgehoben, jedes Kätzchen ging, wenn es hungrig war, an die nächstgelegene Zitze. Selbst wenn wir nur mit sechs Zitzen pro Mutterkatze rechnen (da ja die beiden vordersten kaum ergiebig sind), gab es stets welche in der Nähe eines Kätzchens. Milch war sozusagen «vom Faß» verfügbar. Und da sie vierundzwanzig Stunden am Tag von sechs Zungen gepflegt wurden, waren sie wohl die bestgepflegten Kätzchen des Katzenhauses. Es gab immer wieder freundschaftliche Szenen, wenn zum Beispiel ein Weibchen drei Kätzchen säugte und die Hinterteilchen zweier weiterer Kätzchen, die bei einer anderen Mutter tranken, sauberleckte, während die andere Mutter wiederum zwei weitere Kätzchen säuberte. Und bei dieser Anhäufung von Katzen war auch das Nest stets mollig warm. Kein Wunder also, daß sich die Kätzchen prächtig entwickelten.

Manche werden überrascht sein, daß Mutterkatzen fast jedes Kätzchen säugen, ob es nun ihr eigenes ist oder nicht. Wenn es der Zweck der Vermehrung ist, die eigenen Gene zu verbreiten und die Erde mit eigenen Nachkommen zu bevölkern, ist die Zeit und Pflege, die auf nichtverwandte Junge verwendet werden, tatsächlich kontraproduktiv. Wie viele andere überraschende Aspekte im Verhalten der Haustiere läßt sich auch dieser erklären, wenn man sich das Leben vorstellt, das das Tier vor der Domestikation führte.

Es ist sehr wahrscheinlich, daß die Vorfahren der Hauskatze ihre Kätzchen allein gebaren und aufzogen. Es gab vielleicht kilometerweit kein anderes Weibchen mit Jungen. Eine wilde Mutterkatze konnte also absolut sicher sein, daß die Kätzchen in der Umgebung des Nests ihre eigenen waren; es war schlicht unnötig für sie, zwischen eigenen und fremden Tieren zu unterscheiden. Da die Evolution zu keiner Änderung dieses Verhaltens drängte, zeigen die heutigen Katzen dieselbe «Blindheit» Kätzchen gegenüber. Diese Blindheit, zusammen mit einem mächtigen Mutterinstinkt, bewirkt, daß eine Katze unzählige Kätzchen zu nähren versucht, wenn sich die Gelegenheit dazu ergibt, daß sie sogar Tierkinder anderer Arten annimmt. In einer japanischen Zeitung sah ich einmal das Foto einer Katze, die neben ihren drei Kätzchen noch zwei Tanuki (Marderhunde) nährte. Und trotz ihrer Größe saugten die Marderhunde ganz deutlich an den vorderen Zitzen, während die Kätzchen entschlossen an den hinteren hingen. Wenn dies nicht nur Zufall war, spricht das für Hartnäckigkeit der Kätzchen!

Viel wichtiger als das Annehmen aller Kätzchen ist jedoch die gegenseitige Toleranz der Weibchen. Wie ich schon sagte, gab es Weibchen, die sich von Anfang an weigerten, ihr Quartier mit anderen zu teilen, besonders wenn die Kätzchen noch sehr klein waren. Auch nachher ging nicht immer alles glatt unter Weibchen, die ihre Kätzchen gemeinsam säugten. Im Fall der sechs Mutterkatzen sah ich zwar keine Streitigkeiten innerhalb des Nests, aber außerhalb, von den Kätzchen entfernt, sah ich die Weibchen gelegentlich einander anfauchen und nach einander schlagen. Die gemeinsame Kätzchenaufzucht war offensichtlich nicht völlig spannungsfrei.

Ich bemerkte jedoch, daß Streitereien selten vorkamen bei Weibchen, die eng miteinander verwandt waren und dies wußten. 1979 und 1980 warfen die Schwe-

Sechs Mütter, achtzehn Kätzchen – eine Mutter-Gemeinschaft, in welcher sich die Kleinen prächtig entwickeln. «Je mehr, desto besser» scheint das Motto der meisten Katzenmütter zu sein.

stern Uko und Aya binnen einer Woche Kätzchen, und ich konnte sie und ihre Jungen bald zusammenlegen. Bei beiden Gelegenheiten wurden sie sofort seßhaft, und nie gab es ein Zeichen von Spannung. Sie schienen sogar regelrecht froh über das Zusammensein. Die gleiche Atmosphäre herrschte zwischen zwei anderen Schwestern, Chi und Toco, die ebenfalls ihre Kätzchen gemeinsam aufzogen. In einem anderen Fall waren drei Katzen beteiligt. 1981 gebaren Pe und ihre beiden Töchter von 1980, Plum und Chestnut, innerhalb von zwei Wochen. Chestnut war die erste und erwies sich als tüchtige Mutter, aber sie war überglücklich, als ich sie nach zehn Tagen mit Pe und ihren fünftägigen Kätzchen vereinigte. Plum war die letzte, und sie zeigte keine Neigung, ihre Kätzchen zu nähren. Sie tat ihnen zwar kein Leid an, schien aber hocherregt und unfähig, sich zu beruhigen. Obwohl ihre drei Kätzchen eigentlich noch zu klein waren, riskierte ich es, die Familie ins Nest von Pe und Chestnut zu bringen. Plums Haltung änderte sich schlagartig. Sie schmiegte sich an Pe, Chestnut und deren Kinder, fing laut zu schnurren an und widmete sich den Kleinen fortan mit dem gleichen Eifer wie Pe und Chestnut. Wir entfernten das kleinste Kätzchen, um es von Hand aufzuziehen, da wir das Gefühl hatten, es würde bei dieser Konkurrenz verlieren; die zwei anderen Kätzchen jedoch waren kräftig genug um zu überleben. Dies wäre nicht der Fall gewesen, hätten wir sie allein Plums Fürsorge überlassen. Wie können wir diese Beobachtungen interpretieren? Machten die Weibchen, die ihre Jungen zusammen aufzogen, einfach und um ihrer Kätzchen willen das Beste aus einer unangenehmen Situation? Manchmal sah es ganz so aus, vor allem wenn sie miteinander Streit bekamen. Aber meistens kamen selbst nichtverwandte Mütter gut miteinander aus. Und die Stimmung zwischen Pe und ihren Töchtern, zwischen Uko und Aya und zwischen Chi und Toco, als sie sich um ihren zusammengelegten Nachwuchs kümmerten, war so warm, entspannt und kooperativ, daß es schwierig ist, dem Schluß auszuweichen, daß die Zusammenlegung

Die Schwestern Aya und Uko mit ihren Kätzchen. Nie ein ungutes Wort.

von Würfen und die Zusammenarbeit bei der Aufzucht ein natürliches Verhalten ist, zumindest, wenn es um eng verwandte Weibchen geht.
Bei einer Art, deren Männchen wenig oder gar nichts zur Aufzucht von Jungen beitragen, sind die Vorteile gemeinsamer Sorge augenscheinlich. Mehrere Paare von Augen, Ohren und Krallen schützen die Kätzchen besser als ein einziges. Außerdem kann bei einer gemeinsamen Aufzucht die eine Katze bei den Jungen bleiben und die andere jagen gehen; die Kätzchen sind nie allein, wie es bei einer einzigen Mutterkatze oft der Fall ist. Selbst bei nicht verwandten Weibchen können die Vorteile sehr wohl die Nachteile überwiegen, die mit der Aufzucht fremder Kätzchen verbunden sind. Es ist aber wahrscheinlich, daß in einer natürlichen Situation die Katzen am ehesten Schwestern oder Mutter und Tochter sind, so daß jedes Weibchen Tante, Großmutter oder Halbschwester der Kätzchen ist.
Mit anderen Worten, obschon eigene Kätzchen genetisch die größte Gemeinsamkeit mit der Mutter haben, sind deren Gene auch in den Kätzchen der Mutter, Schwester oder Tochter vorhanden. Bedenkt man, daß die Vermehrung den Zweck hat, die eigenen Gene zu verbreiten, so müßte ein Weibchen natürlich ein großes Interesse daran haben, daß nicht nur ihre eigenen Kinder, sondern auch die ihrer Verwandten überlebten. Je enger verwandt zwei Weibchen sind, desto mehr Vorteile ergäben sich aus der gemeinschaftlichen Katzenaufzucht, und selbst eine Katze ohne eigene Junge würde, wenn sie bei der Aufzucht verwandter Kätzchen assistierte, im Interesse der Genvermehrung handeln.
Das Verhalten der Weibchen im Katzenhaus unterstützt diese Theorie. Uko und Aya waren Vollschwestern, die im Alter von sechs Monaten ins Königreich gekommen waren, im Haupthaus denselben Raum bewohnt hatten und einander auch nach dem Umzug ins Katzenhaus warme Zuneigung gezeigt hatten; man sah sie oft zusammen schlafen oder aus derselben Schüssel fressen. Toco und Chi stammten aus dem Wurf, den Chiyoko und ich von Hand aufgezogen hatten. Wir hatten ihnen als Kätzchen viele Abenteuer ermöglicht, und sie blieben auch als Erwachsene im Katzenhaus Freundinnen. Und Pe hatte, wie ich in einem früheren Kapitel beschrieb, auf den Hilfeschrei Cherrys, eines Bruders von Chestnut und Plum, reagiert und dabei gezeigt, daß sie ihre Kinder klar erkannte und ihnen lange, nachdem sie sich von ihr gelöst hatten, zu Hilfe kam.
Die Weibchen, von denen ich hier erzähle, waren sich ihrer Verwandtschaft durchaus bewußt, und die Leichtigkeit und Reibungslosigkeit, mit der sie ihre Kätzchen zusammen aufzogen, läßt darauf schließen, daß Katzen eine natürliche Neigung haben, mit eng verwandten Tieren friedlich zusammenzuleben und zu kooperieren. Die Tatsache, daß fast alle Weibchen im Katzenhaus gut miteinander auskamen und daß auch nichtverwandte Katzen ihre Jungen zusammen aufzogen, widerspricht dieser Theorie keineswegs, denn es ist das Bewußtsein von Verwandtschaft, viel mehr als tatsächliche Verwandtschaft, das hier wichtig ist. Im Normalfall entsteht dieses Bewußtsein natürlich zwischen einer Mutter und ihren Kindern, und zwischen den Kindern selbst, wenn sie zusammen aufwachsen; es kann sich aber auch zwischen nichtverwandten Individuen entwickeln, die einander schon lange kennen, besonders wenn sie seit ihrer Jugend zusammenleben.
Die nicht verwandten Weibchen im Katzenhaus, die ihre Kätzchen zusammen aufzogen, waren meist jung und hatten den Großteil ihres Lebens miteinander

verbracht. Sie schliefen zusammen, wuschen sich gegenseitig und fühlten sich wahrscheinlich so verwandt wie echte Geschwister. Ihre warmen Beziehungen zueinander und ihre Zusammenarbeit bei der Kätzchenaufzucht überzeugten mich, daß für Katzen ein gesellschaftliches Leben so natürlich sein könnte wie ein einsames, wenn nicht noch natürlicher. Zwar war die Population des Katzenhauses künstlich zusammengestellt und käme in der Natur gar nie vor, aber meine Beobachtungen drängten doch den Schluß auf, daß Katzen in einer natürlichen Umgebung, wenn ihnen genug Nahrung zur Verfügung stünde, kleine, stabile Gruppen bilden würden, deren Kern zwei oder mehr eng verwandte Weibchen bilden würden. Die Mitglieder würden zwar einen guten Teil ihres Vierundzwanzig-Stunden-Tages jagend verbringen (kleine Beute kann man nur allein jagen; eine Maus ist eine Mahlzeit für lediglich eine Katze, und zwei Katzen, die dieselbe Beute im Auge haben, kämen einander in den Weg), doch hätten sie einen gemeinsamen Heimplatz, wo sie sich gegenseitig das Bewußtsein von Wohlbefinden und Schutz vermittelten, zusammen Kätzchen aufzögen und das gemeinsame Territorium verteidigten. Mit anderen Worten, sie wären eine zusammenhängende gesellschaftliche Einheit, nicht nur eine lose Gruppe.
Als ich 1982 diese Ideen in der japanischen Version des vorliegenden Buches festhielt, kannte ich keine anderen Studien, die meine Schlußfolgerungen bestätigten. Professor Leyhausen erwähnt in seinem Buch über Katzenverhalten das gemeinschaftliche Aufziehen von Kätzchen nicht. Er gesteht Katzen zwar eine gewisse Neigung zur Gesellschaftsbildung zu, betont jedoch vor allem ihren Hang zur Einsamkeit und vermittelt den Eindruck, Katzen könnten zwar, unter Zwang, durchaus friedlich zusammenleben, würden aber, wenn sie die Wahl hätten, ein einsames Leben vorziehen.
Kurz nachdem das Manuskript der japanischen Version in Satz gegangen war, erhielt ich von meiner Mutter aus England ein Buch, «The Curious Cat», das eine ausführliche, wissenschaftliche Beschreibung des Verhaltens eines Katers und dreier Weibchen darstellt, die 1978 auf einem Bauernhof in Devonshire beobachtet wurden.*
Wer das Buch oder die entsprechende Sendung des BBC kennt, kann sich vorstellen, mit welcher Freude und Erleichterung ich es las, denn das beschriebene Verhalten der Weibchen stimmte in vielen Dingen mit den Beobachtungen überein, die ich im Katzenhaus gemacht hatte und die den Schluß nahelegten, daß sich

---

* *The Curious Cat,* von Michael Allaby und Peter Crawford, Michael Joseph Ltd 1982. Diese Studie war von der BBC in Auftrag gegeben worden, die eine Sendung über das Verhalten, insbesondere das soziale Verhalten gewöhnlicher Katzen, die sich in einer natürlichen Umgebung selbst versorgten, bringen wollte. Peter Crawford gestaltete diese Sendung. Zoologen der Oxford Universität wurden herbeigezogen für die wissenschaftliche Beobachtung und Erforschung der Katzen. Dr. David Macdonald, der diesen Teil des Projekts leitete, hatte in Oxford mit mir zusammen studiert; er hatte den Doktortitel erhalten (aufgrund seiner Studie über das Verhalten von Füchsen) und arbeitet jetzt in der zoologischen Fakultät. Ein noch größerer Zufall: Peter Apps, der junge Zoologe, den Dr. Macdonald mit der Beobachtung der Katzen betraute, hatte nicht nur das gleiche College in Oxford, St. Peter's, besucht, sondern auch dieselbe Primarschule wie ich; er ist sieben Jahre jünger als ich. Wie klein die Welt ist!

Nachdem sie fast das ganze Leben zusammen verbracht und einander täglich gepflegt haben, fühlten sich wohl die meisten Weibchen so eng verwandt wie echte Geschwister.

auch in natürlicher Umgebung, wo Katzen sich selbst versorgen müssen, kleine Gruppen von Weibchen bilden könnten.

Es ist höchste Zeit, daß die überlieferte und allgemein beliebte Vorstellung, Katzen seien extreme, asoziale Einzelgänger, revidiert wird, wenigstens was die Weibchen angeht. Ob Katzen sich zusammenschließen oder nicht, hängt von allen möglichen Faktoren ab, wie zum Beispiel das Vorhandensein von Nahrung, die individuelle Veranlagung undsoweiter. Was aus obenerwähnter Studie und aus meinen Beobachtungen klar hervorgeht, ist, daß Katzen im allgemeinen ein Potential für Zusammenarbeit haben und unter günstigen Bedingungen ein warmes und fruchtbares Gesellschaftsleben führen können.

Die ersten Schritte der Kätzchen, die aus dem Kinderzimmer ins Katzenhaus entlassen wurden, waren verständlicherweise noch zaghaft. Sie standen nicht nur an der Schwelle zu einer Welt, die sehr viel größer war als die ihnen bekannte, sondern waren außerdem von Scharen neugieriger Katzen umringt, die sie bisher lediglich durch Nasenkontakt am Kinderzimmernetz kannten. Die erwachsenen

Katzen waren zwar selten unfreundlich, aber die meisten Kätzchen kauerten sich dennoch nieder, stellten die Haare auf und fauchten gelegentlich eine große Katze an, die sie näher untersuchen wollte, als ihnen lieb war. Trotzdem beendeten jeweils ein paar unerschrockene Kater ihre Inspektion damit, daß sie die Neulinge anspritzten. Ein oder zwei Sexhelden, vor allem Nibu und Panda, versuchten sogar manchmal, sie zu besteigen. Doch binnen einer halben Stunde ließ das Interesse der Großen nach, und solche Perversitäten machten dem erfreulicheren Anblick von Kätzchen Platz, die jede Minute weniger ängstlich und vergnügter wurden und, wenn sie bei ihren Erkundungsgängen zusammenstießen, spontan zu spielen anfingen.

Nach wenigen Tagen kannten sie selbst die entferntesten Winkel des Katzenhauses, rasten einander auf den Laufstegen nach, kletterten auf die Bäume im Garten und rutschten ungeschickt wieder hinunter, belauerten einander und ahnungslose Erwachsene in neu entdeckten Verstecken, rangen im Gras und auf alten Sofas und behandelten das Katzenhaus, als sei es ein eigens für sie errichteter Spielplatz. Nur wenn ihre Energie fast vollständig erschöpft war, hörten sie auf die Rufe ihrer Mütter, deren Drang zu stillen zwar im Abnehmen begriffen war, aber doch noch ausreichte, die Kätzchen zu locken, wenn sie nicht von selber kamen. Manche Kätzchen schenkten den Rufen allerdings keine Beachtung, sondern ließen sich mit einem Haufen anderer Katzen auf dem Sofa nieder und taten wie Alteingesessene, obwohl sie erst seit einem oder zwei Tagen dabei waren. Wo immer sie sich niederließen, schliefen sie fast sofort ein, und ihr Schlaf war so tief, als ihr Spiel wild gewesen war, nur ihre Pfötchen zuckten unwillkürlich.

Da sich Kätzchen so leicht und rasch an das Leben im Katzenhaus anpaßten, hatte ich eigentlich bloß die Sorge, daß sie nicht genug zu fressen bekommen könnten. Manche hatten sich zwar schon im Kinderzimmer angewöhnt, Trockenfutter zu knabbern, anderen fiel jedoch das Kauen immer noch schwer, und überhaupt mochten sie lieber Fisch und Reis. Im Kinderzimmer war davon stets reichlich vorhanden gewesen, und die Mutterkatzen ließen ihre Kleinen ohnehin fressen, bis sie satt waren, ehe sie sich selbst bedienten. Außerhalb des Kinderzimmers fanden die Kätzchen schnell heraus, daß die wenigsten erwachsenen Katzen solche Rücksicht ausübten. Sie lernten rasch wie die großen Katzen zu schlingen, aber es war doch klar, daß sie ohne Gegenmaßnahmen entweder mehr Trockenfutter zu sich nehmen oder hungern mußten.

Das schien mir zu riskant, und so richtete ich eine Ecke ein, die als «Kätzchen-Café» bekannt wurde. Es bestand aus einer geräumigen Holzkiste, deren Eingänge so klein waren, daß nur junge Kätzchen hindurchkamen, und in die ich eine große Schüssel Fisch und Reis stellte. In der Folgezeit konnte ich dann ermessen, durch wie enge Öffnungen sich eine erwachsene Katze noch zwängen kann. Die allgemeine Vorstellung, eine Katze richte sich nach der Reichweite ihrer Barthaare, wurde oft und öfter widerlegt. Wenn eine Katze entschlossen genug ist, kann sie selbst in kleinste Räume eindringen, gewöhnlich indem sie den Hals verdreht und den Kopf seitlich hineinschiebt. Wenn das ohne allzu große

Ein Ringkampf auf dem Sofa.

Schwierigkeiten möglich ist, gelingt es der Katze normalerweise, auch den Rest des Körpers nachzuziehen.
Die Schachtel hatte anfangs 7,5 cm weite Luken, doch jedesmal mußte ich sie verengen, wenn ich wieder eine erwachsene Katze beim Festmahl erwischt hatte. Es waren meist schmalgebaute Weibchen wie Uemi und Papu, die einen mächtigen Appetit und eine Abneigung gegen Trockenfutter besaßen. Ihnen gefielen die Verengungen natürlich nicht, und sie versuchten sogar, die Öffnungen mit den Krallen zu erweitern, als ihr Kopf nicht mehr durchging. Schließlich waren die Luken nur noch knapp 5 cm breit, so daß Kätzchen bis zum Alter von drei Monaten noch hineinkamen (mit prallem Bäuchlein herauszukommen, war dann schon anstrengender), für ältere Kätzchen jedoch wurde es immer schwieriger. Ich stellte die Kiste in die Nähe des Kinderzimmers, so daß sie die Kätzchen, wenn sie zum erstenmal das Katzenhaus betraten, unweigerlich als erstes entdeckten. Wenn sie erwachten, sich streckten und aus einem Knäuel von Katzen herauskrabbelten, gingen die meisten Kätzchen noch auf einen Bissen dorthin, bevor sie sich wieder Spiel und Entdeckungsreisen zuwandten.
Weil sie so lebhaft und frech waren und die Spielregeln der Katzengesellschaft mißachteten, zogen sie manchmal den Zorn der Älteren auf sich. Im allgemeinen aber waren die Erwachsenen, sowohl Kater wie Katzen, ihnen gegenüber sehr tolerant und sogar herzlich. Der Übermut der Kätzchen steckte vor allem junge Erwachsene an; selbst an heißen Sommertagen wurden sie aus ihrer Lethargie gerissen, um mit den Kleinen Jagd und Ringen zu spielen. Sogar gesetzte ältere Katzen konnten nicht immer widerstehen; gelegentlich sah ich, wie sich Mo oder Ee duckten, wenn die Kätzchen an ihnen vorbeisausten und ihnen dann – völlig untypisch für sie – im Spiel nachjagten.
Auch wir Menschen gaben uns nicht allein damit zufrieden, den spielenden Kätzchen zuzuschauen, so vergnüglich es war. Im zweiten Schuppen stand ein alter Pingpongtisch, und Kätzchen-Pingpong wurde bald zu einem im Königreich der Tiere regelmäßig ausgeübten Sport. Er verschaffte uns die erfreulichsten Erinnerungen unseres Lebens mit Katzen. Die Kätzchen versammelten sich beidseitig des Netzes und taten alles, was in ihrer Macht stand, um unsere Versuche, einander den Ball zuzuspielen, zu vereiteln. Es war also ein Spiel von Mensch gegen Katze; das Menschenteam bestand aus zwei Spielern, das Katzenteam aus all den Kätzchen, die mitmachen wollten. Die Menschen versuchten, den Ballwechsel so lange als möglich aufrechtzuerhalten. Ein Ballwechsel von mehr als vier Schlägen brachte uns einen Punkt ein; einer über neun Schläge den Sieg – ein Sieg war jedoch rein theoretisch und kam in Wirklichkeit niemals vor. Jeder Ballwechsel, den unsere Gegner abstoppen konnten, bevor wir fünf Schläge getan hatten, bedeutete natürlich einen Punkt für sie. Die einzige weitere Regel war, daß die Menschen nicht ihre Schläger gebrauchen durften, um die Gegner wegzuschieben oder sie sonstwie zu verletzen. Selbst unabsichtlicher Kontakt zwischen einem Schläger und einem Kätzchen kostete fünf Strafpunkte. Das war nötig, um den Übereifer der Menschen zu dämpfen, der besonders dann leicht aufkam, wenn vier Schläge geschafft waren!
Es waren immer die Kätzchen, die die Tischmitte besetzten. Erwachsene schauten von erhöhten Plätzen in der Nähe zu oder saßen auf der Seite des Tisches und halfen ihrem Team indirekt durch Bildung eines Hindernisses. Manche leisteten

Ein gesättigtes Kätzchen quetscht sich aus dem «Kätzchen-Café».

noch indirektere Hilfe, indem sie auf unsere Schultern sprangen und unser körperliches und seelisches Gleichgewicht beeinträchtigten.
Eine Katze ist den meisten anderen Tieren überlegen, was Beweglichkeit und Reaktionsvermögen angeht, aber dieses Spiel zeigte deutlich, daß die athletischen Fähigkeiten auch bei Individuen derselben Art verschieden sein können. Jedes Jahr brachte einen oder zwei neue Stars hervor, die sich durch Geschicklichkeit und Begeisterung auszeichneten und die die anderen Kätzchen als lahme Enten erscheinen ließen. Der Bemerkenswerteste unter diesen Stars war Mac, eine schöne kleine blaue Tabby-Katze aus dem Jahr des Baby-Booms 1980. Sie sprang in die Luft, wenn sich die meisten anderen Kätzchen nur auf die Hinterbeine erhoben, und sie war die einzige, die es mehr als einmal fertigbrachte, den Ball mitten im Flug mit den Vorderpfoten aufzufangen. Sie ließ sich auch niemals vom Spiel ablenken, nicht wie andere, die es manchmal vergaßen und unter dem Netz miteinander Unfug trieben. Nach einer Saison zog sich Mac auf die Seitenlinien zurück, ging aber dennoch in die Geschichte des Katzenhauses ein als der «Junior Star» aller Zeiten.
Bei diesem Spiel erwarben wir uns Übung im Wirbelschlag, der sowohl hoch wie schnell war und für die Kätzchen am schwierigsten aufzufangen. Doch selbst damit waren wir den Kätzchen unterlegen und verzeichneten keinen einzigen Sieg. Die Niederlagen konnten uns aber den Spaß nicht verderben. Die Kätzchen schienen ihre Spieler auszuwechseln, stets spielten einige, während andere sich

Kätzchen-Pingpong. Mac, die kleine blaue Tabby-Katze, war der Star.

ausruhten, und wir waren jeweils lange vor ihnen müde. Die Sieger nahmen dann den Ball an sich und spielten auf dem Boden Fußball; sie jagten kreuz und quer durch das Katzenhaus, bis auch sie zum Umfallen müde waren. Eines ist sicher: Kätzchen sind große Liebhaber des Sports.

Das Katzenhaus war kaum je langweilig, doch die Gegenwart von Kätzchen vermochte es noch mehr aufzuhellen. Ich wußte aber von Anfang an, daß wir uns diesen Luxus höchstens zwei Jahre lang leisten konnten. Das Katzenhaus war eine bequeme Herberge für die hundertzwanzig Katzen, die dort wohnten, als die Bevölkerung am dichtesten war. Doch fünfhundert Katzen waren eine andere Sache, und mit sovielen mußten wir bis 1982 rechnen. Eine derartige Überbevölkerung hätte nicht nur für uns alptraumhafte Probleme im Management gebracht, sondern wäre auch für die Katzen die Hölle gewesen. Deshalb startete ich vom Frühjahr 1980 an ein Sterilisationsprogramm bei den Weibchen. Ich fing mit den Weibchen an, die wiederholt verworfen oder für ihre Jungen nicht gesorgt hatten, dann kamen die anderen Katzen an die Reihe, nachdem sie die Aufzucht der Frühjahrskätzchen fast beendet hatten, und bevor sie wieder trächtig werden konnten.

Die Hilfe unseres hauseigenen Tierarztes, Iwase-san, war bei der Erfüllung dieser Aufgabe unschätzbar. Iwase-san war auf Mutsu-sans Bitte hin nach Hokkaido gekommen, um vor allem die Zugpferde und Hokkaido-Ponys des Königreichs zu betreuen. Das hielt ihn jedoch nie davon ab, uns bei der Behandlung kranker oder verletzter Katzen willig zu helfen und uns geduldig geeignete Methoden der Behandlung zu lehren.

Leserinnen beklagen sich vielleicht, wie das manche Besucherinnen des Katzenhauses taten, über meine Entscheidung, die Katzen und nicht die Kater zu sterilisieren. Glauben Sie mir, dies beruhte auf kühler, klarer Überlegung und nicht auf männlichem Chauvinismus. Erstens einmal wäre es Unsinn gewesen, unsere Arbeit zu verdoppeln, indem wir beide Geschlechter operierten. Ferner war mein Ziel, das Vermehrungspotential der Bevölkerung zu reduzieren, ohne es ganz auszulöschen. Letzteres wäre der Fall gewesen, wenn ich die Kater kastriert hätte, denn ein einziger unkastrierter Kater hätte unter den Weibchen fast ebensoviel Verheerungen angerichtet wie fünfzig Kater, und wir hätten den Eingriff lückenlos bei allen Katern vornehmen müssen. Bei den Weibchen entfernten wir übrigens nicht die Eierstöcke, sondern ließen nur die Eileiter durchschneiden. Sie konnten deshalb zwar keine Jungen mehr bekommen, aber ihr Sexualleben war in keiner Weise beeinträchtigt – im Gegenteil, denn jetzt wurde ihre Brunst nicht mehr von Schwangerschaften unterbrochen. Das bedeutete natürlich auch, daß die Kater dadurch viel mehr sexuelle Gelegenheiten bekamen.

Obwohl ich sachliche Gründe hatte, um die Weibchen für die Sterilisation vorzusehen statt die Kater, muß ich gestehen, daß ich etwas parteiisch war: Pe, Toco und Chi verschonte ich noch mindestens ein Jahr lang. Im Sommer 1980 waren sie die einzigen erwachsenen Katzen des Katzenhauses, die noch gebären konnten. Mir tat es leid, daß ich den Weibchen die Freude nehmen mußte, die sie offensichtlich an der Kätzchenpflege hatten, aber ich zweifelte nicht an der Richtigkeit meiner Handlungsweise. In einer natürlichen Situation regulieren Nahrungsmangel, Feinde und Krankheit die Bevölkerung der Tiere, in einer vom

Kätzchen spielen miteinander ...

... mit einem Käfer ...

... mit einem Zweig ...

... mit einem Papierfisch.

Oben: Spiel mit einer toten jungen Ratte.

Unten: Ringkampf im Gras.

Oben rechts: Mac, Star des Katzenping-pongs, ein Spiel, das die Kätzchen und uns stundenlang amüsierte.

Mitte rechts: Petoru und Jutoru, die ersten erwachsenen Neuankömmlinge im Katzenhaus.

Unten rechts: Petoru der Einzelgänger.

Oben: Skipper, die merkwürdige Seltenheit: ein Schildpatt-Kater.

Obwohl in vieler Hinsicht seltsam, teilte Skipper mit anderen Katzen die Vorliebe für Matabi.

Skipper drangsaliert eine Dame.

Oben links: Tobo und Blossom.

Links: Blossom spielt in einem Papiersack.

Oben: Genta, ein Hirschkalb mit gebrochenem Bein, bietet Blossom einen warmen Schlafplatz.

Während ihres kurzen Lebens liebte Blossom alle Geschöpfe, ob Mensch oder Tier, und hatte eine ganze Reihe von Spielgefährten. Malibu, eine Kreuzung zwischen wildem Eber und Hausschwein, war für sie ein wenig begeisterter Punchingball.

Menschen geschaffenen Situation hat der Mensch, so human wie möglich, diese Rolle der Natur zu übernehmen.
Ich hatte das Sterilisationsprogramm anfangs 1980 begonnen, und als in diesem Jahr die ersten Kätzchen aus dem Kinderzimmer entlassen wurden, gab es im Katzenhaus schon eine ganze Anzahl operierter Weibchen. Unter ihnen waren Papu und Pes Schwester Nan, die seinerzeit verworfen hatten, und Kerompa, die ihre Kätzchen aufgefressen hatte. Sie würden nie wieder eigene Kinder bekommen, aber das hielt sie nicht davon ab, für die eben entlassenen Kätzchen Pflegemütter zu werden. Da Fälle von Tieren, die, selbst ohne eigene Jungen, kleine Waisen annehmen, bei verschiedenen Säugetierarten vorkommen, waren wir nicht allzu überrascht, obwohl es uns das Herz erwärmte. Etwas am Aussehen und an der allgemeinen Hilflosigkeit junger Tiere weckt die mütterlichen Instinkte erwachsener Weibchen (und auch Männchen!), selbst wenn sie nicht artsverwandt sind. Konrad Lorenz erwähnt einige solche Fälle in seinem wunderbaren Buch «Er redete mit dem Vieh, den Vögeln und den Fischen».
Ich selbst erinnere mich an eine unserer Hündinnen, Col, die sich rund um die Uhr um ein kränkliches Zugpferdfohlen kümmerte, es leckte und vor anderen Hunden knurrend beschützte. Was uns aber im Katzenhaus aufs höchste verblüffte, war die Tatsache, daß Pflegemütter nach zwei oder drei Tagen richtige Muttermilch produzierten, und zwar ebenso viel wie Mütter, die geboren hatten! Katzen und Hündinnen in Scheinschwangerschaft, deren Zitzen schmerzhaft geschwollen sind, suchen häufig Junge, um sie zu nähren. Aber umgekehrt kann auch die Gegenwart von Babys einen solchen Zustand hervorrufen – so schien es wenigstens im Katzenhaus. Nan und Papu waren schon seit einem Monat operiert, und das Auftreten mütterlichen Verhaltens fiel genau mit der Entlassung der Kätzchen aus dem Kinderzimmer zusammen. (Die Tatsache, daß ausgerechnet Kerompa dieses Verhalten zeigte, läßt vermuten, daß sie ihre Kätzchen eher aufgrund des Geburtsstresses als wegen fehlender mütterlicher Instinkte angefallen hatte.) Der körperliche Reiz, den das Saugen der Kätzchen auf die Zitzen der Pflegemütter ausübte, rief zweifellos den Milchfluß hervor, der rasch aufhörte, wenn dieser Reiz fehlte. Im allgemeinen nimmt man aber an, ein weibliches Säugetier müsse erst Schwangerschaft und Geburt durchmachen, bevor es Milch abgeben könne. Das Hormon Oxytozin, das die Geburtswehen stimuliert, regt auch den Milchfluß an. Ammen gibt es bei allen menschlichen Gesellschaften seit Urzeiten, und doch habe ich nie gehört, daß eine Frau Milch produzieren konnte, wenn sie nicht vorher geboren hatte.
Die Pflegemütter im Katzenhaus waren auch in anderer Hinsicht perfekte Mütter; sie widmeten sich den Kätzchen meist hingebungsvoller als die richtigen Mütter. Letztere begannen, nachdem sie die wichtigsten mütterlichen Aufgaben erfüllt hatten, die Kätzchen abzuwehren, sie fauchten und stießen sie weg, wenn sie zu saugen versuchten. Mütter mit nur einem Kätzchen säugen dieses viel länger. Daraus kann man schließen, daß Mütter es immer schwieriger finden, bei schwindender Milch mit dem stets aggressiver werdenden Saugen der Jungen fertigzuwerden. Selbst wenn die Gründe der Mutter egoistisch sind, läßt sich nicht daran zweifeln, daß ihre Abwehr die allzu Anhänglichen ermutigt, selbständiger zu werden. Im Katzenhaus jedoch konnten sich solche Kätzchen einfach den Pflegemüttern zuwenden, die sich ihrer nur zu gerne annahmen – so gerne, daß

manche Kätzchen sie ironischerweise als lästiges Hindernis auf dem Weg zur Selbständigkeit empfanden. Wenn Papu, Nan oder Kerompa keine Kätzchen zum Säugen fanden, suchten sie welche; sie trotteten durch das Gebäude, riefen verzweifelt und versuchten Kätzchen an sich zu bringen, die tief ins Spiel versunken waren. Vor allem Papu machte sich große Sorgen, wenn sie Kätzchen zuoberst auf Leitern oder auf den Bäumen im Garten herumklettern sah. Trotz heftiger Proteste zog sie sie auf den Boden zurück, nur um sehen zu müssen, wie sie sofort wieder hinaufsprangen. Mehr als einmal sah ich, wie sie dabei ein Kätzchen fallen ließ. In solchen Momenten wünschten die Kätzchen ihre Pflegemütter vermutlich ins Pfefferland. Aber wenn sie genug gespielt hatten, kamen sie eifrig herbeigerannt, den Rufen folgend, die ihnen Mutterliebe und Milch versprachen. In jenem Sommer und Herbst tauchten noch mehr Pflegemütter auf. Da soviele Kätzchen in zusammengelegten Würfen von zwei oder mehr Mutterkatzen aufge-

«Ich hab' gesagt NEIN!» Poppy macht einem ihrer Kätzchen deutlich, daß sie es nicht mehr um sich haben will.

Papu «rettet» eines ihrer Pflegekätzchen aus einem Baum. Mehrmals beobachtete ich, wie sie ein Kätzchen fallen ließ.

zogen wurden und dann noch mehr Zuneigung von einer Anzahl Pflegemütter erfuhren, ist die herzliche Stimmung, die allgemein im Katzenhaus herrschte, nicht überraschend, sah man einmal von den ewigen Rivalitäten der Kater ab. Ein Labyrinth echter und empfundener Blutsbande hielt sie zusammen; vor allem die jüngeren Katzen hatten gute Gründe, einander wie Familienmitglieder zu behandeln, obwohl es letztlich nur Schuppenwände waren, die sie zu einer Einheit zusammenschlossen.

11 Immigranten, Epidemien und ein Schildpattkater

Unter den Katzen im Königreich der Tiere, die nicht dort geboren waren, gab es keine einzige, für die ein einziger Yen ausgelegt worden war. Ob wir sie wollten oder nicht, Katzen fanden mit erschreckender Regelmäßigkeit den Weg in unsere Hände und brachten Freude und massenhaft Probleme.

Viele der älteren Katzen, wie Mo, Ee, Uko, Aya, Ganko und Chibi, wohnten mit offizieller Genehmigung des Königreichs, auf die Bitten ihrer Besitzer hin, bei uns. Als dann das Katzenvolk wuchs, wiesen wir grundsätzlich alle Angebote von Hunden oder Katzen zurück. Aber es kamen immer mehr Gesuche, vor allem seit das Königreich im Fernsehen gezeigt wurde, und obwohl wir die Fernsehleute immer wieder baten, darauf hinzuweisen, daß das Königreich keine Zuflucht für Japans unerwünschte Katzen und Hunde war und es nie hatte sein wollen. Hauptsächlich im Sommer erhielten wir Anrufe aus dem ganzen Land, manchmal zwei oder drei am Tag. Wurf um Wurf von Welpen und Kätzchen sollten wir dann aufnehmen. Wir haßten es, nein sagen zu müssen, und entwickelten richtige Komplexe; während dieser Monate wollte niemand von uns das Telefon abnehmen, besonders da einige Anrufer auf unsere Ablehnung mit Tränen reagierten oder manchmal sogar ruppig wurden. Zum Glück akzeptierten die meisten Anrufer unsere begründete Ablehnung mit höflicher Resignation.

Es war traurige Ironie, daß wir die Tiere solcher Leute, für die oft noch Kostgeld angeboten wurde, abweisen mußten, daß aber Tiere, die unangekündigt auf unserer Türschwelle ausgesetzt wurden, eben doch gerettet werden mußten. Manchmal kamen sie mit der Bahn an, gewöhnlich in tristem Zustand, und stets mit falschem Absender. Häufiger fanden wir sie verlassen vor dem Tor des Königreichs, in Kartonschachteln, obschon wir dort ein Schild aufgehängt hatten, man möge eben dies bitte nicht tun. Aus diesem Grund beobachteten wir jeden fremden Wagen mit Mißtrauen, der kurz vor dem Tor anhielt. Ich sah nur einmal, wie ein Tier dort ausgesetzt wurde, und bis ich am Tor war, verschwand der Wagen bereits talwärts, eine Staubwolke aufwirbelnd, die die Nummer verdeckte. Ich stand dort, schüttelte meine Faust und schrie vergeblich eine lange Liste von Schimpfwörtern auf japanisch und englisch, die ich hier besser nicht wiedergebe. Was kann man auch anderes tun, um seinem Zorn über solches Benehmen Luft zu machen – sich höchstens noch die Strafen ausmalen, die man einem Schuldigen verpassen würde, erwischte man ihn je.

Meine bevorzugte Fantasie war einfach genug: Die Schuldigen ein paar Tage auf Mutsu-sans Inselchen Kembogi aussetzen, um ihnen einen Geschmack von der Kälte, dem Hunger und der Verlassenheit zu geben, die die meisten ausgesetzten Tiere erdulden müssen. Das hätte ich viel sinnvoller gefunden als die gesetzliche Strafe in Japan, eine kleine Geldbuße, die niemand von einem Verbrechen abhielt, das so leicht zu begehen war. Daß wir die ausgesetzten Tiere hereinnahmen und ihnen meistens neue Plätze fanden, rechtfertigt die Tat nicht, die schlicht und einfach von Feigheit und moralischer Verantwortungslosigkeit zeugt.

Der Schuft, der meinen Verfluchungen und der Auslieferung an die Polizei nur knapp entkommen war, hatte eine Schachtel mit zwei sehr sanften erwachsenen Katzen hinterlassen, einem schönen Kater mit Tabby-Zeichnung und einem weiß und schildpattfarbigen Weibchen. Am Boden der Schachtel stand geschrieben: «Wir heißen Petoru (Männchen) und Jutoru (Weibchen). Wir sind anderthalb Jahre alt, und unsere Mutter war eine Himalayan. Unser Besitzer kann nicht mehr für uns sorgen; gebt uns bitte ein Heim.»

Petoru und Jutoru waren glücklicherweise die einzigen erwachsenen Katzen, die während meiner Zeit als Katzenwärter auf solche Weise zu uns kamen. Für Kätzchen fand man oft Abnehmer, doch nur wenige Leute wollten erwachsene Katzen aufnehmen. Außerdem paßten sich Kätzchen dem Leben im Katzenhaus leicht an, bei Petoru und Jutoru lernten wir jedoch, wie schwer sich eine erwachsene Katze eingewöhnte. Es lag nicht an den anderen Katzen, die zwar Neugierde, aber keine Aggression gegen die Neuen zeigten, sondern es lag an Petoru und Jutoru selbst. Daß sie Angt haben würden, war zu erwarten. Jutoru kauerte sich einfach nieder und ließ sich inspizieren, aber Petoru ließ keine Katze an sich heran, fauchte und zückte seine Krallen gegen jeden, der in Reichweite kam.

Beide verbrachten sie die erste Nacht auf dem Betonboden hinter einer Sägemehlkiste. Zum Glück war es Sommer, trotzdem mußte ihnen das Katzenhaus kalt, ungastlich und übelriechend vorkommen. Im Laufe der Zeit entspannten sie sich etwas und beteiligten sich freiwillig an den Mahlzeiten. Aber selbst nach einem Jahr sahen sie noch nicht aus, als wären sie glücklich und fühlten sich im Katzenhaus heimisch. Vor allem Petoru blieb ein Einzelgänger, der die Gesellschaft anderer Katzen nicht mochte. Ich habe schon erzählt, wie er darauf bestand, allein zu fressen, und wie selten er mit anderen Katern Händel anfing. Er war kein Schwächling, interessierte sich aber in keiner Weise dafür, ein volles Mitglied der Hierarchie zu werden. Selbst Jutoru, das sanfteste aller Geschöpfe, entwickelte keine Bindung zu anderen Katzen und blieb ihrem Bruder treu.

Beide schienen nicht willens und nicht fähig, mit ihren Mitbewohnern Freundschaft zu schließen. Ihre Zuneigung zueinander jedoch war stark und dauerhaft. Der Anblick der beiden, wie sie gemeinsam aus einer Dose Trockenfutter fraßen oder eng beisammen auf dem Fenstersims im zweiten Schuppen lagen zu einer Tageszeit, da die meisten Katzen sonnigere Plätzchen zum Dösen aufgesucht hatten, war rührend und traurig. Obwohl Petoru zu anderen Katzen ging, wenn sie brünstig waren (immer erst, wenn sie die anderen Kater nicht mehr interessierten), kam er zu Jutoru zurück, wenn seine Leidenschaft befriedigt war.

Wie sehr er an ihr hing, zeigte er auf dramatische Weise, wenn sie auf den Fensterladen im zweiten Schuppen geklettert war und nicht wieder herunterkommen konnte. Manchmal, zur Zeit der Fütterung, wenn alle Katzen beschäftigt waren, hörte ich ihre Klagerufe aus dem zweiten Schuppen. Wenn ich sie retten ging, fand ich Petoru bei ihr. Sobald ich hinaufgeklettert war und sie heruntergehoben hatte, sprang Petoru freiwillig hinunter, ein Beweis, daß er nur oben gewesen war, um Jutoru in ihrem Elend zu trösten. Hätte ich noch mehr Beweise gewollt, so gab Petoru sie an dem Tag, als er auf mich zurannte, kaum hatte ich das Katzenhaus betreten. Er strich miauend um meine Beine und trottete in Richtung des zweiten Schuppens: Er bat mich ganz offensichtlich, ihm zu folgen. Und tatsächlich saß wieder einmal Jutoru auf dem Fensterladen und konnte nicht hinunter.

Petoru ließ, außer seiner Schwester Jutoru, keine andere Katze in seine Nähe kommen.

Nach diesem Vorfall konnte ich die alten Lassie-Filme im japanischen Fernsehen nicht mehr mit demselben Zynismus ansehen wie zuvor.
Jutoru und Petoru, ihre Beziehungen zueinander und zu den andern Katzen bieten ein Beispiel für die sozialen und asozialen Züge im Wesen der Hauskatzen. Sie blieben freiwillig am Rand der «Gesellschaft», die sich im Katzenhaus gebildet hatte; ihre Zuneigung zueinander zeigt aber auch, welch herzliche und dauerhafte Beziehungen zwischen Individuen entstehen können, die zusammen aufgezogen wurden. Daß Katzen wie Jutoru und Petoru bei uns waren, erhöhte den wissenschaftlichen Reiz des Katzenhauses, und ich hätte gerne noch mehr erwachsene Katzen von verschiedenem Ursprung und mit verschiedener Vorgeschichte aufgenommen. Aber eine Politik der offenen Tür wäre praktisch nicht möglich gewesen. Hätten wir alle angebotenen Katzen aufgenommen, so wären wir sehr rasch überschwemmt worden.
Was uns viele Sorgen bereitete, war die Einschleppung von Krankheiten. Bis Ganko kam, hatten wir wunderbarerweise im Königreich keine Flöhe gehabt. Doch bald waren sie endemisch und verschwanden trotz regelmäßigem Pudern niemals wieder ganz. Nach dieser Erfahrung waren wir mit Neuankömmlingen

sehr vorsichtig, wir hielten sie vierzehn Tage in Quarantäne und untersuchten sie gründlich auf Flöhe, Milben, Würmer etc.
Aber auch die größtmöglichen Vorsichtsmaßnahmen können das Infektionsrisiko durch Viren und Bakterien nicht ganz ausschließen. Jutoru und Petoru schienen vollkommen gesund, doch zehn Tage, nachdem wir sie ins Katzenhaus entlassen hatten, bekam eine Katze nach der anderen den Katzenschnupfen. Die ersten Symptome waren rinnende Nasen und Niesen, mildes Fieber und Appetitlosigkeit. Einen Tag später waren die Nasengänge mancher Katzen verstopft und die Augen von Ausflüssen der Tränendrüsen verklebt. Einige hatten Zungengeschwüre. Viele sonderten auch reichlich übelriechenden Speichel ab, und der Pelz in Gesicht und an Vorderbeinen war davon verklebt. Es sah schrecklich aus. Der Katzenschnupfen-Virus ist nicht sehr gefährlich, aber oft gibt es eine bakterielle Sekundärinfektion, die mit Lungenentzündung endet. Zudem können kranke Katzen, wenn sie ihr anfängliches Fieber überwunden haben, wegen ihrer blockierten Nasen den Geruchssinn verlieren und damit die Lust auf Essen oder sogar Trinken, so daß der Tod aufgrund von Dehydration oder Verhungern eintreten kann.
Glücklicherweise erkrankten nur etwa fünfzig Katzen. Wir schlossen die Tür zwischen beiden Schuppen und isolierten sie im zweiten Schuppen. Zwei angstvolle Wochen lang bekämpften wir die Krankheit. Wir bereiteten die schmackhaftesten Mahlzeiten zu, die wir uns denken konnten, und vermischten sie mit

Petoru tröstet Jutoru auf dem Fensterladen.

Antibiotika, um sekundären Infektionen vorzubeugen. Wir taten unser Möglichstes, die Katzen zu säubern und ihre Nasen und Augen freizuhalten. Die ernsthaft erkrankten Katzen, die nicht mehr essen und trinken wollten, bekamen zweimal täglich subkutane Spritzen von Ringerscher Lösung mit Vitaminen, und intramuskulöse Antibiotika-Injektionen. Einige konnten wir mit Babymilch ernähren, die wir durch Magensonden verabreichten, ein Verfahren, gegen das sich selbst eine schwerkranke Katze heftig wehrt. Die Pflege, zweimal täglich an bis zu 30 Katzen ausgeübt, beanspruchte uns sehr, und wir waren dankbar dafür, denn es ist immer besser, beschäftigt zu sein, besonders während der ersten Zeit, als die Zahl der betroffenen Katzen täglich wuchs und wir äußerst deprimiert waren. Wenn man sich darauf konzentriert, 100 cm2 Flüssigmahlzeit einer sich wehrenden und windenden Katze zu injizieren, hat man keine Zeit, den düsteren Gedanken nachzuhängen, die einen bedrücken, kaum hat man etwas Muße.
Trotz unserer Anstrengungen starben zwei junge Kater, die anderen jedoch zeigten Zeichen allmählicher Besserung. Viele hätten es wohl auch ohne Hilfe geschafft, aber etwa zwanzig schwerkranke Tiere hatten wir sicher gerettet. Da die meisten Katzen im Königreich geboren waren und dies bei uns das erste Auftreten von Katzengrippe gewesen war, ist mir unerklärlich, warum so viele Katzen nicht angesteckt wurden. Man nimmt nicht an, daß Immunität gegen die beiden Arten von Schnupfenvirus von den Müttern auf die Kätzchen übergeht, dennoch läßt das Geschehen im Katzenhaus darauf schließen, daß recht viele Katzen gegen den Katzenschnupfen-Virus von Natur aus immun sind. Seltsamerweise gab es kranke Katzen, deren Junge kein Zeichen des Leidens zeigten. Wie auch immer, wir waren nur allzu glücklich, daß der Ausbruch so beschränkt und Todesfälle so selten waren. Daß die Kätzchen, die Pe, Plum, Chestnut, Toco und Chi dieses Jahr geboren hatten, alle ohne Ansteckung davonkamen, war wie ein Wunder, selbst wenn man in Betracht zieht, daß wir sie im Wöchnerinnenraum isoliert und unseren Kontakt mit ihnen auf ein Minimum beschränkt hatten.
Man kann es nicht sicher sagen, aber der Zeitpunkt, zu dem die Krankheit ausbrach, deutet auf Petoru und Jutoru als Infektionsquelle hin. Beide wurden nicht angesteckt. Wir hatten keine Möglichkeit herauszufinden, ob sie früher einmal Katzenschnupfen gehabt hatten, wenn ja, waren sie die Träger des Virus gewesen.
Im Sommer darauf hatten wir einen neuen Ausbruch zu bekämpfen, zwei Wochen, nachdem wir vor unserem Tor zwei Kätzchen aufgelesen hatten. Zum Glück hatten wir in wenigen Tagen ein Heim für sie gefunden und sie in der Zwischenzeit isoliert. Trotzdem schien es kein Zufall, daß der Ausbruch der Krankheit kurz nach ihrer Ankunft stattgefunden hatte. Es wurden etwa gleichviel Katzen davon betroffen wie im Vorjahr. Die Tatsache, daß unter den kranken Tieren solche waren, die schon im Vorjahr Katzenschnupfen gehabt hatten, deutete darauf hin, daß der jetzt auftretende Virus von einer anderen Art war. Die Symptome waren etwa gleich wie ein Jahr zuvor, aber die Krankheit erwies sich diesmal als hartnäckiger und bösartiger. Obwohl wir besser vorbereitet waren, um mit der Lage fertig zu werden, verloren wir vierzehn Katzen, die meisten ein- oder zweijährig: Bu, Fumi, Harpo, Nougat, Cinnamon, Olive, Rabbit, Mac, der Pingpong-Star, und andere, alles Spielgefährten, die unter unserer Obhut geboren und aufgewachsen waren. Obschon mehr als dreißig Katzen, darunter

Ganko, Hu, Nibu, Panda, Kenjiro und Kenbo, auf unsere Behandlung ansprachen und uns Anlaß zur Freude gaben, waren es düstere Tage. Jedesmal, wenn ich ein Opfer begrub, schwor ich mir, nie wieder eine fremde Katze in die Nähe des Katzenhauses zu lassen. Zwar war ich nicht sicher, ob die ausgesetzten Kätzchen die unseren infiziert hatten, aber ich war nicht gesinnt, weitere Risiken einzugehen, denn für mich wäre das einem Verrat an den Katzen, für die ich verantwortlich war, gleichgekommen. Ausgesetzte Katzen, für die wir nicht sofort ein Heim fanden, würde ich einschläfern. Ich wußte, daß ein Tier, das Betäubungsmittel gespritzt bekommt, einen sanften Tod erleidet, für den Zuständigen ist es jedoch kein Spaß, die Injektion zu machen und das Leben eines vollkommen gesunden Lebewesens zu beenden. Von da an betete ich noch inbrünstiger als zuvor, daß keine Katzen mehr den Weg in unsere Hände finden möchten, und endlich schienen meine Gebete erhört zu werden, denn diese beiden Kätzchen waren während meines Aufenthaltes im Königreich die letzten Immigranten gewesen.

Wäre der Katzenschnupfen 1981 ein paar Monate früher ausgebrochen, hätte ich gezögert, Skipper den Katzen des Königreichs zuzugesellen. Aber damals wußte ich noch nicht, welches Risiko ich einging, und nahm nur zu gerne das Angebot einer Dame an, die 300 km entfernt in der Nähe von Sapporo lebte – denn Skipper war, der Dame zufolge, jene genetische Anomalie, die ich schon lange suchte: ein Schildpattkater.

Ich konnte mein Glück kaum glauben. Schildpattkater sind nicht so rar, wie viele Leute glauben, eine von hundert oder zweihundert Schildpattkatzen ist männlich. Trotzdem begegnet man ihnen nicht alle Tage. Und ich hatte noch nie ein solches Geschöpf gesehen. Bis vor kurzem wurden sie in Japan besonders von Bootseigentümern und Kapitänen geschätzt, die hohe Preise für sie zahlten, denn man schrieb ihnen die Macht zu, Schiffe vor dem Sturm zu schützen. Dieser Aberglaube ist zwar nicht mehr so verbreitet, aber es gibt immer noch viele Leute, die gewillt sind, sie teuer zu bezahlen.

Der Schildpattkater war selbstverständlich seit langem schon ein Thema der genetischen Forschung, soviel ich jedoch aus den mir damals zugänglichen Büchern entnehmen konnte, war fast nichts über sein Verhalten geschrieben worden. Das fand ich seltsam, denn vieles im Verhalten von Tieren ist genetisch bestimmt, und bei genetischen Anomalien könnte deshalb auch ein anderes Verhalten zu erwarten sein. Bedeutete der Mangel an Information über das Verhalten von Schildpattkatern, daß sie sich wie normale Kater benahmen, oder hatte man das Verhalten ganz einfach nicht beobachtet? Ich war also sehr daran interessiert, mit eigenen Augen zu sehen, wie sich ein Schildpattkater im Katzenhaus benahm, obwohl mir klar war, daß das Verhalten eines einzigen Exemplars kaum feste Schlüsse zuließ.

Bevor wir Skipper aus der soliden Holzkiste nahmen, in der er angekommen war, untersuchten wir sein Hinterteil.

Ich hatte zwar das Wort seiner Besitzerin nicht angezweifelt, war aber dennoch erleichtert, als er sich tatsächlich als Kater erwies. Nicht nur ich, sondern alle, die einen Blick auf den seltsamen Neuling zu werfen gekommen waren, fanden, er sehe ansonsten nicht wie ein Kater aus. Seine Besitzerin hatte sein Alter mit einem Jahr und drei Monaten angegeben, er konnte also noch etwas wachsen. Im Kat-

Ein Fall von Katzenschnupfen.

zenhaus gab es einige Kater, die in diesem Alter noch schmaler gewesen waren, aber selbst sie hatten die breiten Backen gehabt, die es einem ermöglichen, Männchen und Weibchen auf den ersten Blick zu unterscheiden. Es waren also nicht allein die Farben, sondern auch Kopfform und Körperbau, die Skipper viel mehr einem Weibchen als einem Männchen gleichen ließen.
Sein Schwanz war lang und gerade, was bei japanischen Katzen selten ist. Ich freute mich zu sehen, daß er dreifarbig war – nämlich schildpattfarbig und weiß. Gewöhnlich ist nämlich der Pelz von Schildpattkatzen schwarz und orange gesprenkelt. Aus noch nicht geklärten Gründen haben weiße Stellen die seltsame, aber angenehme Wirkung, die schwarzen und orangefarbenen Flecken auseinanderzuhalten. Je mehr Weiß vorhanden ist, desto klarer trennen sich die übrigen Flächen in Schwarz und Orange. Skipper zeigte viel Weiß an Bauch, Beinen, Flanken und Kehle, seine Schildpattzonen waren verhältnismäßig klar in große Flecken Schwarz und Orange aufgeteilt; er war ein schöner Kater. Skippers Mutter, bei der er bis jetzt gewesen war, war ebenfalls langschwänzig und dreifarbig; sein Vater war wohl irgendein Kater aus der Umgebung.

Seine ersten beiden Wochen im Königreich verbrachte Skipper im Wohnzimmer. Er war ein ausnehmend freundlicher Kater, und die Schnelligkeit, mit der er sich in sein neues Leben fand, war schon fast beunruhigend. Er zeigte keinerlei Furcht, wie es die meisten Katzen tun, wenn sie sich plötzlich in einer fremden Umgebung finden. Abgesehen davon bemerkten wir an ihm nur einen einzigen ungewöhnlichen Zug während dieser ersten zwei Wochen: seine gewissenhafte Benutzung des Kistchens. Ich kann mich an keinen Kater des Katzenhauses erinnern, der in diesem Alter nicht mit Hingabe und überreichlich seine Umgebung bespritzt hätte. Wir hörten, daß er auch kein sexuelles Interesse für seine Mutter gezeigt hatte, als sie vor einem Monat rollig wurde.

Trotz Skippers ruhiger Reaktion auf das Wohnzimmer waren wir sicher, er werde wie alle anderen Angst zeigen, wenn wir ihn ins Katzenhaus brachten. Aber auch da bestürzte uns seine Gleichgültigkeit. Er fauchte kein einziges Mal, noch hob er die Pfote, als ihn eine Horde von Katzen umringte und begutachten wollte. Weit davon entfernt, seine Ohren furchtsam flachzulegen, stellte er sie neugierig nach vorn, doch nicht die anderen Katzen interessierten ihn, sondern seine Umgebung. Er tauschte einige Nasengrüße mit anderen Katzen aus und machte sich dann fast sofort daran, das Haus zu erkunden. Während er herumwanderte, schenkte er der Gruppe von Katzen, die ihm folgte, nicht die mindeste Beachtung, so als wäre sie gar nicht da. Offenbar fand er sein neues Heim reizvoll, denn er schnupperte ein paar Stunden herum, bis er sich für ein Schläfchen niederließ, lange nachdem die meisten anderen Katzen das Interesse an ihm verloren hatten.

Ein paar Jungkater fuhren allerdings fort, ihn zu belästigen, und versuchten ihn zu besteigen, kaum stand er eine Weile still. Katzen sind zwar nahezu farbenblind, doch die Kater konnten auf jeden Fall die gefleckte Zeichnung Skippers erkennen und hielten ihn verständlicherweise für ein Weibchen. Er roch auch anders als ein Alteingesessener, und vor allem Jungkater betrachteten jede seltsam riechende Katze als ein passendes Objekt ihrer sexuellen Annäherungen. Deshalb fiel mir ihr Verhalten damals noch nicht besonders auf.

Ich änderte jedoch meine Ansicht, als Skipper für ein paar Kater weiterhin anziehend blieb und ihre Gunstbezeugungen auch entgegennahm, selbst nach mehreren Wochen Aufenthalt im Katzenhaus. Zwar erregte er nicht absichtlich die Aufmerksamkeit anderer Kater, aber es schien ihm nichts auszumachen, bestiegen zu werden. Manchmal erweckte er sogar den Anschein, es richtig zu genießen. Wenn ein Kater den unmöglichen Akt verärgert aufgab, blieb Skipper gewöhnlich in seiner kauernden Stellung, den Rumpf noch ein paar Sekunden lang erhoben. Zweimal sah ich, wie er sogar den Kopf wandte und seinen Liebhaber mit den kleinen zirpenden Rufen einer unbefriedigten Katze lockte. In jenem Sommer wurde er so oft bestiegen, daß sein Nacken schwielig und rauh wurde wie der eines brünstigen Weibchens.

Skipper erwies sich tatsächlich als ein seltsamer Charakter. Daß ihm seine neue Umgebung und die anderen Katzen keinen Eindruck machten, hatte wohl nichts damit zu tun, daß er ein Schildpattkater war. Aber angesichts seiner Willigkeit, sich von anderen Katern besteigen zu lassen, mußte ich mich doch fragen, ob es hier vielleicht ein zusätzliches weibliches X-Chromosom gab. Andere Beobachtungen während der nächsten Monate konnten solche Spekulationen nur unterstützen – zum Beispiel sein Verhalten den Weibchen gegenüber.

«Wir haben einen Fremden im Haus!» Skippers erste Stunde im Katzenhaus.

Zu jenem Zeitpunkt waren fast alle Weibchen durch einen Eileiterschnitt sterilisiert worden, so daß von Januar bis September immer einige in Hitze waren. Es waren ideale Bedingungen für jeden Kater, der seine Männlichkeit beweisen wollte, und die meisten Kater bewiesen sie Tag und Nacht. Skipper fiel als Ausnahme auf. Er spritzte auch jetzt nicht und zeigte nicht das leiseste romantische Interesse für eine Katze, obwohl er das Alter, in dem gesunde junge Kater ihre ersten Eroberungen machen, schon um mehrere Monate überschritten hatte.
Im Gegenteil, Weibchen gegenüber konnte er richtiggehend aggressiv werden. Das war tatsächlich ein außerordentliches Verhalten. Normalerweise kämpften Kater mit Katern und – wenn auch weniger häufig – Weibchen mit Weibchen. Daß Kater mit Weibchen kämpften, war im Katzenhaus äußerst selten, und kein Kater kämpfte konsequent mit ihnen – bis Skipper kam! Obschon er keineswegs täglich Händel anfing, hatte er doch in jedem solchen Falle den Streit angezettelt, und zwar immer mit Weibchen.
Im Laufe des folgenden Frühjahres begann sich Skipper etwas normaler zu benehmen. Er hörte auf, sich mit Weibchen zu streiten, und zeigte vermehrt sexuelles Interesse für sie, paarte sich sogar ein paarmal. Er fing auch an zu spritzen. Aber bei all diesen Aktivitäten war er nicht halb so leidenschaftlich wie der durchschnittliche Kater. Als eine von Chestnuts Töchtern des Vorjahres zum erstenmal brünstig wurde, operierte ich sie nicht sofort, sondern isolierte sie zusammen mit Skipper. Er war kein sehr eifriger Liebhaber, vollzog den Akt aber

doch dreimal. Danach nahm ich sie zur Beobachtung ins Haupthaus herüber. Sie wurde nicht trächtig, und meine Hoffnungen, Skipper sei ein fruchtbarer Schildpattkater, erhielten einen Dämpfer. Doch die Tatsache, daß die Katze nicht empfangen hatte, war keineswegs ein schlüssiger Beweis für Skippers Unfruchtbarkeit.

Ich plante, ihn mit noch anderen, fruchtbaren Weibchen zu paaren. Aber ehe das geschehen konnte, schlug das Schicksal in Form des zweiten Ausbruchs von Katzenschnupfen zu. Skipper erlag diesmal der Krankheit, obwohl ihn die Epidemie des Vorjahrs nicht berührt hatte. Er starb trotz unserer Anstrengungen, ihn zu retten, und ließ eine Menge Fragen unbeantwortet. War er bezüglich seines Sexualverhaltens einfach etwas zurückgeblieben, wie das auch bei genetisch normalen Katern vorkommt? Oder beruhte sein Mangel an männlicher Leidenschaft auf einer anomalen Chromosomenbildung, die sich vielleicht auch in anderen Schildpattkatern finden ließe? War seine Aggressivität gegenüber Weibchen und seine in den ersten Monaten aufgetretene Neigung, sich von anderen Katern besteigen zu lassen, ebenfalls die Folge dieser genetischen Anomalie?

Skipper hatte wenig mehr als ein Jahr im Katzenhaus verbracht, und ich glaube, sein Verhalten war so interessant, daß eine Untersuchung nicht nur der genetischen Konstitution, sondern auch des Verhaltens von Schildpattkatern äußerst lohnende Ergebnisse bringen könnte.

Skipper liebte es anscheinend, bestiegen zu werden.

12 Tobo und Blossom

Unter den mehr als hundertzwanzig Katzen, die wir im Königreich der Tiere betreuten, gab es einige, die meine Frau und ich lebenslang in Erinnerung behalten werden, sei es der besonderen Umstände wegen, die sie mit uns verbanden, sei es ihrer Individualität wegen: König Mo, Waru, die beiden unerschrockenen Rattenfänger Marshmallow und Kenbo, «Sexpert» Wanchan, den Pingpong-Star Mac, unsere Pflegekätzchen, die Otochantachi, Chiyokos Lieblingskatze Pe, den Schildpattkater Skipper, die scheuen, liebevollen Geschwister Petoru und Jutoru. Aber unsere Geschichte wäre unvollständig, erzählten wir nicht noch von zwei besonderen Freundinnen, Tobo und Blossom.
Diese beiden Katzen leben jetzt nur noch in unserer Erinnerung und in Fotos. Tobo starb im Frühsommer 1981 an Krebs, und Blossom im Frühling darauf, noch bevor sie einjährig war, an derselben Krankheit. Im Katzenhaus gab es viele ausgezeichnete Mütter, aber Tobo war mehr, sie war die Verkörperung der Katzenmutter. Und Blossom, die Chiyoko vom zweiten Tag ihres Lebens an von Hand aufzog, brachte uns mehr Lachen und, als sie starb, mehr Trauer als jedes andere Kätzchen, das wir kennenlernen durften. Obschon Tobo und Blossom nur drei Wochen zusammenlebten, bleiben ihre Namen aus besonderen Gründen in unserer Erinnerung miteinander verbunden.
Tobo war die erste Katze, deren Bekanntschaft ich machte, als ich an einem Sommertag des Jahres 1976 im Königreich eintraf. Es gab damals noch andere Katzen im Wohnzimmer, aber als ich hineingeführt wurde, fiel mein Auge sofort auf sie. Sie war eine in jeder Hinsicht schöne, schokoladenfarbene Siamesin, doch ihr Gesicht war, ehrlich gesagt, eher grotesk. Ihre Oberlippe fehlte fast gänzlich, so daß ihre Reißzähne ständig sichtbar waren – gerade die Art Gesicht, das dem Regisseur eines Horrorfilms größtes Vergnügen bereitet hätte. Mutsusan bemerkte, wie ich Tobo anstarrte, nahm sie in seine Arme und, noch bevor er mich den anderen Leuten im Wohnzimmer vorstellte, erzählte er mir ihre Geschichte in seinem rostigen, aber wortschatzreichen Englisch.
Tobo war zwei Jahre zuvor, im Winter 1974, aufgenommen worden, am Tag nach einem Schneesturm. Sie war damals schon erwachsen, zwei oder drei Jahre alt. Man fand sie, wie sie müde auf einem tief verschneiten Weg nahe dem Königreich dahertrottete. Daher kommt ihr Name; im Japanischen heißt «müde dahertrotten» «tobo tobo aruku». Sie war bestimmt eine Hauskatze und hatte Menschen gern, denn sie kam, als sie gerufen wurde und ließ sich aufnehmen. Sie war sehr mager und wahrscheinlich halbtot vor Hunger und Kälte. Auf ihrer Oberlippe schwärte eine große, offene Wunde, kleinere fanden sich an den Beinen. Da Katzen den Heimweg mit geradezu übernatürlicher Sicherheit finden können und sich sehr selten verirren, war sie entweder aus einem Auto entwischt oder, was wahrscheinlicher war, von ihren Besitzern beim Königreich ausgesetzt worden. Alle Nachforschungen in der Nachbarschaft fruchteten nichts, und so wurde sie

Tobo.

zu einem ständigen Mitglied des Königreichs. Sie war von Anfang an sehr anhänglich und wurde bald der Liebling von jedermann – schon wegen der Art ihrer Ankunft, denn Tiere, die man am Rande des Todes findet, erobern sich stets einen besonderen Platz im Herzen derjenigen, die sie gerettet und gesundgepflegt haben.

Falls Tobo ausgesetzt worden war, nahm Mutsu-san an, daß ihre wunde Oberlippe vielleicht ein Grund gewesen war. Der damalige Tierarzt hatte ein «fressendes Geschwür» diagnostiziert. Es widerstand allen verfügbaren Medikamenten, so daß nichts anderes übrig blieb, als das befallene Gewebe wegzuschneiden. Auf diese Weise verlor Tobo den größten Teil ihrer Oberlippe. Die Operation hatte sie auf Lebzeiten entstellt, war aber insofern erfolgreich, als das Geschwür nicht wiederkam, wie es sonst häufig der Fall ist.

Dank Mutsu-sans Bericht war Tobo das erste Tier im Königreich, dessen Geschichte ich kennenlernte. Nach zwei Tagen erschien mir ihr Gesicht bereits nicht mehr grotesk; ich fand sie immer schöner, je länger ich sie kannte, und ihre Anwesenheit im Wohnzimmer war stets beruhigend. Damals war sie eine wahre Kätzchenfabrik, immer entweder schwanger oder mit Säugen beschäftigt. Sie säugte auch weiterhin die Kätzchen, für die wir kein Heim gefunden hatten, fast bis zum Zeitpunkt der Geburt von neuen Kätzchen.

Man würde meinen, daß selbst die hingebungsvollste Mutter eines solchen Lebens müde werden müßte, aber nicht Tobo! Ich erinnere mich an einen Vorfall im Frühjahr 1977, als sie ausnahmsweise einmal keine Kätzchen hatte. Ishikawa-san brachte ein neugeborenes Fuchsjunges in die Stube, das er von Hand aufzog. Das Wimmern des Kleinen zog Tobo sofort an; sie beschnupperte es, packte es sanft, aber entschlossen am Nacken und versuchte es von Ishikawa-san wegzuziehen. Sie belästigte ihn so sehr, daß er samt dem Füchschen weggehen mußte, und noch eine halbe Stunde lang miaute Tobo, schnupperte und kratzte an der Tür, durch die sie verschwunden waren.

Aus irgendeinem Grund, vielleicht weil sie soviel geworfen hatte, schien Tobos Gebärfähigkeit 1979 erschöpft zu sein. Zwei Monate, bevor sie ins Katzenhaus gebracht wurde, gebar sie zwei Kätzchen. Später wurde sie noch zweimal trächtig, verwarf aber beide Male. Statt die eigenen Kätzchen aufzuziehen, widmete sie sich jetzt der Pflege anderer. Sie war die erste Pflegemutter des Katzenhauses.

1979 warf eine ihrer zwei letzten Töchter, Papu. Als wir Papu und ihre Kätzchen aus dem Wöchnerinnenzimmer entließen, wandte sich Tobo sofort von ihren Pflegekindern ab und beschäftigte sich fortan mit ihren Enkeln. Zwar waren sie die kleinsten Kätzchen im Haus, aber ich konnte mich des Eindrucks nicht erwehren, daß Tobo sich ihnen nicht nur widmete, weil sie die Kleinsten waren, sondern auch, weil sie sie als die Kinder ihrer Tochter erkannte. Dieser Eindruck wurde in den nächsten zwei Jahren bestärkt, als ich die Zusammenarbeit zwischen eng verwandten Katzen beobachtete. Papu, die Tobo an Körpergröße, Körperbau und in den Farben glich, schien auch deren außergewöhnlichen Mutterinstinkte geerbt zu haben und wurde zur hingebungsvollsten Pflegemutter des Katzenhauses.

Im Jahre 1980, zum erstenmal seit fast zwei Jahren, erhielt Tobo die Chance, neugeborene Kätzchen zu pflegen, die von ihrer Mutter verstoßen worden waren. Chiyoko hatte sich wieder als Pflegemutter anerboten, diesmal jedoch würde sie Hilfe brauchen, denn wir waren damals stark beansprucht. Also wurde Tobo aus dem Katzenhaus geholt, damit sie alle Bedürfnisse der Kätzchen erfülle außer dem Stillen. Da wir wußten, wie gerne sie Kätzchen aufzog, schien sie uns dafür ideal geeignet, und sie enttäuschte uns nicht. Sie brachte die Kätzchen sofort von der Kiste, in die Chiyoko sie gelegt hatte, an einen ihr sicherer scheinenden Ort tief in Chiyokos Kleiderschrank. Sie übernahm fast alle Aufgaben und degradierte Chiyoko, die darüber zwar froh war, zur bloßen «Amme». Nach einer Woche schien es, daß Tobo auch diese Rolle übernehmen wollte; täglich beschwerte sie sich heftiger, wenn Chiyoko den Kätzchen zu trinken gab, und versuchte, sie aus Chiyokos Hand ins Nest zurückzuziehen.

Damals wußten wir noch nicht, was ich weiter oben berichtet habe, daß nämlich manche Weibchen Milch produzieren konnten, wenn sie fremde Kätzchen adop-

Tobo mit ihren Pflegekätzchen des Jahres 1980.

tierten. Als Chiyoko zum erstenmal sah, wie die Kätzchen an Tobos Zitzen saugten, glaubte sie, hier werde lediglich ein seelisches Bedürfnis erfüllt. Aber als die Kätzchen jeden Tag weniger statt mehr Babymilch tranken und ihre Bäuchlein trotzdem stets prall gefüllt waren, sogar vier oder fünf Stunden nach der letzten Fütterung, stand sie vor einem Rätsel. Nur um keine Möglichkeit außer Acht zu lassen, untersuchte sie Tobos Brust und fand die Lösung. Tobos Zitzen waren, wenn auch nicht im selben Ausmaß wie die einer echten Mutter mit neugeborenen Kätzchen, doch eindeutig geschwollen; Kneifen produzierte winzige Tropfen weißer Milch. Tobo war die erste Katze, bei der wir diese Erscheinung beobachteten. Binnen zwei Wochen, nachdem Chiyoko die Kätzchen Tobo anvertraut hatte, brauchte sie sie nicht mehr zu füttern. Bis zur Entwöhnung zog Tobo die Jungen ausschließlich mit ihrer eigenen Milch auf.
Tobo hatte in jenem Frühjahr und Sommer ein Bild des Glücks und der Gesundheit geboten. Doch zu Beginn des nächsten Jahres entdeckten wir einen seltsamen Hautkrebs an ihrem linken Hinterbein. Iwase-san war der Ansicht, es handle sich um dieselbe Art Hautkrebs, zu der die fressenden Geschwüre gehören. Man

wandte dieselbe Behandlung wie früher an: mit Medikamenten probieren, und wenn das nichts nützt, operieren. Wieder versagten alle Medikamente. Zwar schien das Geschwür Tobo nicht groß zu belästigen, aber es bestand die Gefahr, daß es sich ausdehnen würde, und wir entschlossen uns zur Operation. Am Ende operierten wir zweimal, jedesmal ohne Erfolg. Wie großzügig wir auch schnitten, das neue Gewebe, das um die Narbe herum wuchs, war ebenso verkrebst wie das alte.

Weitere Operationen schienen sinnlos. Tobo hatte zwei Monate lang einen Kartonkragen tragen müssen, damit sie die kranke Stelle nicht lecken konnte; sie hatte genug gelitten. Sobald die Operationsnarbe einigermaßen verheilt war, zogen wir ihr den Kragen ab und ließen sie zusammen mit ihrem Geschwür ein etwas freieres Leben führen. Sie hatte fast den ganzen Winter im Wohnzimmer verbracht, und da sie hier glücklich schien, blieb sie. Jedermann verwöhnte sie über die Maßen, und sie bekam die schmackhaftesten Dinge zu fressen, die ihre Gefährten im Katzenhaus wohl nicht einmal vom Sehen kannten. Das Geschwür, das wir nun wieder medikamentös behandelten, wurde weder besser noch schlimmer. Als aber die Tage allmählich wärmer wurden, zeigte Tobo immer weniger Appetit und sah manchmal aus, als wäre sie weit weg. Immer weniger interessierte sie sich dafür, was im Wohnzimmer vorging, und verbrachte den größten Teil des Tages damit, still auf einem sonnenbeschienenen Plätzchen zu sitzen.

Eines Tages umarmte Chiyoko Tobo plötzlich und sagte: «Ich weiß, wie ich wieder ein bißchen Leben in dich bringe, mein Mädchen – ein Kätzchen. Und ich hab' eines für dich.»

Sie setzte Tobo auf das Sofa, verschwand und kam ein paar Sekunden später zurück, Blossom in der hohlen Hand haltend.

Blossom war ein winziges cremefarbenes Kätzchen, eben erst drei Wochen alt – wir hatten sie Plum am Tag nach der Geburt weggenommen, da wir fürchteten, sie würde in dem Nest, das Plum mit Pe, Chestnut und ihren Jungen teilte, erdrückt werden. Sie war nicht nur außerordentlich klein, sondern sah auch sehr seltsam aus, da ihr Kopf im Gegensatz zum Körperchen eine normale Größe hatte. Als sie etwa eine Woche alt war, waren ihr aus einem unbekannten Grund oben am Kopf alle Haare ausgefallen, und wir befürchteten, sie könnte angeborene Schäden haben. Sie achtete jedoch nicht auf unsere besorgten Blicke, sondern ergriff die Milchflasche mit beiden Vorderpfoten (nachdem sie die Hoffnung auf Muttermilch aufgegeben hatte – wieder einmal hatte sich Chiyoko zwei Tage mühen müssen, bis sie Blossom dazu brachte, die Flasche anzunehmen) und sog wie ein Perpetuum mobile, bis ihr Bäuchlein zum Bersten voll war. Sie war offensichtlich entschlossen zu überleben – trotz unserer Zweifel.

Chiyoko liebte Blossom über alles, umso mehr weil sie soviel Zeit und Mühe auf sie verwendet hatte. Deshalb war ich etwas überrascht über die Bereitwilligkeit, mit der sie das Kätzchen Tobo anvertraute. Aber die Idee war großartig gewesen. Kaum erblickte Tobo das Kätzchen, stellten sich ihre Ohren nach vorn, ihre Augen leuchteten auf und die Lethargie wich von ihr. Binnen kürzester Zeit gestand sie Chiyoko nur noch das Amt der Amme zu und ließ Blossom kaum mehr aus den Augen. Blossom konnte sich kaum einen Meter vom Nest entfernen, ohne daß Tobo aufstand und sie zurückholte. Abgesehen von diesen Momenten schien Blossom nur allzu glücklich in Tobos Gesellschaft und lag, wenn sie nicht spielte, stets bei ihr.

Blossom ergreift die Milchflasche mit beiden Vorderpfoten.

Doch die Idylle dauerte tragischerweise nur eine kurze Zeit. Eines frühen Morgens kam ich ins Wohnzimmer und fand Tobo nicht bei Blossom, sondern still auf dem Kühlschrank sitzend. Nichts Böses ahnend, hob ich sie herunter, wünschte ihr einen guten Morgen und setzte sie zu Blossom, die auf dem Sofa schlief. Tobo beschnupperte das Kätzchen flüchtig, kletterte auf die Sofalehne und wollte wieder auf den Kühlschrank springen. Ihr Ziel lag etwa einen Meter schräg aufwärts entfernt. Sie hatte den Sprung stets mit größter Leichtigkeit bewältigt, aber diesmal erreichten nur die vorderen Pfoten die obere Kante des Kühlschranks, und sie fiel zu Boden.

Der Fehlsprung und die ungeschickte Landung weckten meinen Verdacht. Ich nahm sie in die Arme und befühlte ihren Körper. Ich entdeckte, daß die Lymphdrüsen unter ihrem Kinn deutlich geschwollen waren, obwohl nichts zu sehen war. Verflixt! dachte ich. Was immer ihr fehlte, das war ein schlechtes Zeichen. Sicher hätte es jemand von uns früher bemerkt, wäre Tobo nicht so sehr mit Blossom beschäftigt gewesen. Sie hatte gefressen, wenn auch nicht eifrig, und nichts an ihrem Verhalten der letzten drei Wochen hatte vermuten lassen, daß sie nicht in Ordnung war.

Als Iwase-san aus den Ställen zum Frühstück kam, bat ich ihn, Tobo anzuschauen. Er bestätigte, daß ihre Lymphdrüsen geschwollen seien, und nahm sofort eine Blutprobe. Er präparierte sie fürs Mikroskop und studierte sie.

«Schlechte Nachrichten», sagte er. «Da sind viel mehr weiße Blutkörperchen, als sein dürften, und außerdem sind wenige davon normale. Es ist fast hundertprozentig sicher, daß Tobo an einem Lymphosarkom leidet. Das heißt: Krebs. Ich glaube, Sie wissen, was das bedeutet.» Ich wußte es. Ich hatte genug darüber gelesen; jede Behandlung würde nur lindern, nicht heilen. Ein Krebs dieser Art wurde im übrigen fast ausnahmslos von einem Virus verursacht, der als Katzenleukämie-Virus bekannt war. Er war zwar nicht sehr ansteckend, aber Katzen, die entsprechende Symptome zeigten, sollten von anderen getrennt gehalten werden. Die vernünftigste Maßnahme, mit der man eine Übertragung auf andere Katzen und weiteres Leiden der Kranken verhinderte, war Euthanasie.

Chiyoko brachte Tobo in unser Zimmer, wo sie sich, unbeweglich wie ein Stein, auf unserem Heizkörper niederließ. Sie schlief nicht, aber ihre Augen waren geschlossen. Sie zeigte nicht das leiseste Interesse für Nahrung oder irgend etwas anderes, und wir brauchten keine Gedankenleser zu sein, um zu verstehen, daß sie litt. Weder Chiyoko noch ich fanden es sinnvoll, sie weiter leiden zu lassen, und so schläferten wir sie am späten Vormittag ein. Sie starb ruhig in Chiyokos Armen.

Auf die Bitte Iwase-sans ließen wir ihn gleich darauf eine Autopsie vornehmen. Das Ergebnis war wie erwartet: Es gab in ihrem Körper kein einziges Lymphgewebe, das nicht angesteckt war. Iwase-san meinte, der Krebs werde sich schon vor einigen Monaten festgesetzt haben und sei wohl mit ein Grund gewesen, warum das Geschwür an ihrem Bein kaum auf die Behandlung angesprochen habe.

«Angesichts dieser Tatsache ist es ein Wunder, daß Tobo nicht früher gestorben ist. Ich glaube, sie schien in den letzten zwei, drei Wochen nur so gesund, weil Blossom bei ihr war», sagte er und zeigte auf immer weitere erkrankte Stellen.

Chiyoko und ich waren derselben Meinung. Die letzten drei Wochen war Tobo wieder wie früher gewesen, vielleicht weniger aktiv, aber so aufmerksam und glücklich wie stets in Gesellschaft von Kätzchen. Blossom hatte ihr neues, wenn auch kurzes Leben geschenkt. Wir konnten nur hoffen, daß das Kätzchen dafür nicht werde bezahlen müssen. Dieser Gedanke quälte vor allem Chiyoko, und an jenem Abend schüttete sie mir ihr Herz aus.

«Ich hatte geträumt, Tobo liege im Sterben, und so beschloß ich, ihr Blossom zu geben», gestand sie unter Tränen. Ihre Erwähnung eines Traumes überraschte mich. Sie ist ein praktischer Mensch, der mit beiden Beinen auf dem Boden steht und sich nicht viel um Träume kümmert, und weder vorher noch nach diesem Vorfall hatte sie jemals Vorahnungen. «Ich glaubte zwar nicht allzu sehr an den Traum, aber Tobo schien wirklich etwas bedrückt. Sie war stets am glücklichsten gewesen, wenn sie Kätzchen zu betreuen hatte, und deshalb schien es mir richtig, ihr Blossom anzuvertrauen. Hätte ich doch nur gewußt, daß Tobo eine solche Krankheit hatte! Ich hätte sie Iwase-san zur Untersuchung gebracht, statt zu tun, was ich tat.»

Unter diesen Umständen überrascht es nicht, daß Blossoms Tod im folgenden Frühjahr, als Folge derselben Krankheit, Chiyoko am härtesten traf. Obwohl das Kätzchen nur drei Wochen mit Tobo zusammengewesen war, war es angesteckt worden. Glücklicherweise war sie allerdings während ihres kurzen Lebens bemerkenswert gesund und hinterließ viele amüsante und rührende Erinnerungen. Alle

Mit einem Kätzchen in Pflege war Tobo wie früher.

Blossom und ihre Gespielen: sich totstellend . . . mit Malibu dem Frischling.

Mit Genta, dem Hirschkalb . . ., mit ihrem letzten Spielgefährten, dem Schwarzbärjungen Rocky.

mochten sie so gut leiden, daß sie im Wohnzimmer bleiben durfte, und da sie keine anderen Katzen zum Spielen hatte, entwickelte sie ein außerordentliches Interesse für menschliche Angelegenheiten. Ein Kätzchen, das mit anderen Kätzchen spielen konnte, würde sich nie für den Lidschlag oder die Zungenbewegung eines Menschen interessiert haben, Blossom aber spielte jeweils lange mit meinen Augenlidern und meiner Zunge.

Sie schloß auch schnell Freundschaft mit anderen Tieren, die sich zeitweilig im Wohnzimmer aufhielten. Ihre erste nichtmenschliche Spielkameradin war Malibu, die ich der Einfachheit halber als Frischling bezeichne, da sie ihrem Vater, einem wilden Eber, mehr glich als ihrer Mutter, unserem Hausschwein. Wenn Frischlinge und Ferkel einmal nicht ans Fressen denken, spielen sie entzückend und sind sehr lustig. Malibu bildete da keine Ausnahme, und deswegen durfte sie im Wohnzimmer leben. Blossom jedoch war sie nicht gewachsen und mußte viel Duldsamkeit aufbringen. Kaum hatte sie sich, mit vollem Bauch, auf dem Sofa niedergelassen, erstieg Blossom die Rücklehne und sprang auf sie hinunter. Das Kätzchen fing dann an, mit Malibus Ohren zu spielen, so daß sie andauernd zuckten, was Blossoms Vergnügen erhöhte. Schließlich, nachdem sie den armen Frischling fast zur Verzweiflung gebracht und immer wieder bewirkt hatte, daß Malibu vom Sofa hinunter- und dann wieder heraufkletterte, schmiegte sich Blossom an sie und benutzte ihre Nase als Kopfkissen.

Blossom kam auch glänzend mit einem Malteserhündchen aus, das einige Tage im Königreich verbrachte, weil es mit unseren Tieren zusammen für Fernsehreklamen aufgenommen wurde. Aber ihr engster Freund war Genta, ein Hokkaido-Hirschkalb, das eines der Mädchen von Hand aufgezogen hatte. Genta war bei seinem täglichen Spaziergang auf der Weide einem der Pferde zu nahe gekommen, das erschreckt ausgeschlagen und Genta so unglücklich getroffen hatte, daß sein Hinterbein gebrochen war. Dieses wurde sofort eingegipst, und Genta verbrachte seine Rekonvaleszenz im Wohnzimmer, dabei verdrängte er Malibu, die schon zu groß und zu lebhaft war für solche Umstände und zurück zu ihren Brüdern und Schwestern gebracht wurde.

Blossom wandte ihre Aufmerksamkeit sofort dem Neuling zu und fand in ihm offenbar einen noch idealeren Spielgefährten und ein besseres Ruhekissen, als es Malibu gewesen war. Genta stand stets sehr abrupt auf, um sein gebrochenes Bein nicht zu belasten. Er tat das auch, wenn Blossom zwischen seinen Beinen schlief, in die Wärme seiner Brust gekuschelt, und deshalb trat er sie mehr als einmal mit seinen scharfen Hufen. Jedesmal, wenn das passierte, schrie sie so laut, daß wir fürchteten, diesmal sei sie bestimmt ernstlich verletzt. Zum Glück handelte es sich jeweils nur um einen vorübergehenden Schmerz, der sie nicht davon abhalten konnte, zwischen Gentas Beine zurückzukehren, sobald er wieder lag – dabei wurde sie häufig mit Hingabe geleckt und schien dies zu genießen. Das Spiel der beiden war nicht weniger rührend; Genta stieß mit dem Schädel gegen Blossom, und Blossom lauerte unter Stühlen, schlug mit den Pfoten nach Gentas Nase und Beinen, und rannte dann davon und Genta verfolgte sie um den langen Eßzimmertisch herum.

Natürlich glaubte Blossom schließlich, alles, was vier Beine habe, sei ein Freund, mit dem man spielen könne. Deshalb mußten wir sie zeitweilig entfernen, wenn wir aus irgendeinem Grund Hunde ins Wohnzimmer brachten, vor allem solche, die schon Tiere gerissen hatten. Nur wenn es sich um Boß, unsere Bernhardinerhündin, handelte, durfte Blossom mit ihr spielen. Katzen ließen Boß nämlich vor Schreck erstarren. Blossom verbrachte zuweilen mehr als eine halbe Stunde damit, Boß zu plagen, indem sie mit ihrem Schwanz spielte, der der einzige ihr zugängliche Körperteil war, da Boß ihr Gesicht stets so weit als möglich von Blossom entfernt hielt. Ich glaube, wenn plötzlich ein Elefant ins Zimmer geplatzt wäre, hätte sich Blossom nicht anders verhalten. Sie war unschuldig und spielfreudig bis zum Leichtsinn.

Blossoms Krankheit bekümmerte den ganzen Haushalt. Sie verlor den Appetit und ihre Lebensfreude und begann dahinzuschwinden. Nachdem Krebs diagnostiziert wurde, hatten wir wiederum keine Wahl, als uns von einer lieben Freundin zu trennen. Sie wurde neben Tobo begraben, auf einem Hügel außerhalb der Zäune des Königreichs, von dem man auf den Pazifischen Ozean sah. Außer Tobo und Mos Schwester May waren viele andere Tiere des Königreichs dort begraben – Mutsu-sans berühmter Braunbär Donbe, seine beiden Akita-Hunde Guru und Ken, der Hengst Tani, der dreibeinige wilde Eber Bui, um nur einige zu nennen. Für Blossom, die alle großen und kleinen Geschöpfe liebte und kaum recht wußte, welche Art von Geschöpf sie selbst war, hätte sich keine idealere Ruhestätte finden lassen.

13 Sayonara

Chiyoko und ich verließen das Königreich der Tiere am 10. Mai 1983. Wir nahmen den ersten Morgenzug, um ein langes Abschiednehmen zu vermeiden. Chiyoko, berühmt dafür, daß sie in gefühlvollen Situationen sofort in Tränen ausbrach, lachte und scherzte während des ganzen Frühstücks, während des Gepäckverladens und während unserem kurzen Abschied von den Tieren; wer sie nicht kannte, würde sie für kaltherzig gehalten haben. Sie machte jedoch mit ihrem fröhlichen Gebaren nur sich selbst etwas vor, und niemand im Königreich wäre überrascht gewesen zu sehen, wie sich, sobald der Zug den Bahnhof verlassen hatte, ihre Schleusen öffneten – zu meiner großen Erleichterung, denn auch ich fand es schwer, die Tränen zurückzuhalten.

Unsere Abreise wurde beschlossen, als wir im Januar entdeckt hatten, daß Chiyoko schwanger war. Mutsu-san hatte zwar nichts dagegen, wenn Mitglieder seiner Belegschaft ihre Kinder im Königreich aufzogen (sofern sie verheiratet waren!); Ishikawa-san und Hiroko hatten schon zwei Kinder. Aber Chiyoko und ich waren nun mehr als sechs Jahre Mutsu-sans Gäste gewesen – viel länger als alle anderen außer den Ishikawas. Wir fühlten, daß wir vom Königreich soviel profitiert und ihm soviel gegeben hatten, als möglich war. Und da wir Eltern werden sollten, empfanden wir das Bedürfnis nach einer Umgebung, die mehr Unabhängigkeit und Privatsphäre bot, als dies in einer geschlossenen Gesellschaft wie dem Königreich möglich war, selbst wenn es bedeutete, daß wir vorläufig die enge Verbindung mit Tieren und mit der Natur aufgeben mußten, die wir gewohnt waren.

Mutsu-san hatte das Königreich nie als dauerndes Heim für die jungen Leute betrachtet, die er aufnahm. Er wußte auch, wie schwierig das Leben dort in mancher Beziehung war. Er gab also zu unserer Entscheidung seinen Segen, obwohl er in nicht geringer Sorge war über meine Fähigkeit, «draußen» mein Leben zu verdienen. Tatsächlich war Japan, außerhalb Hokkaidos, immer noch ein sehr fremdes Land für mich, und unsere Zukunft war unsicher; weit mehr waren Chiyoko und ich jedoch über die Zukunft der Tiere beunruhigt, die wir verlassen mußten.

Wir waren nicht so eingebildet, anzunehmen, daß sie uns auch nur annähernd so vermissen würden wie wir sie oder daß die Leute, die unsere Plätze einnahmen, weniger gut für sie sorgen würden. Aber wir hatten so viele Jahre mit den Katzen und Hunden verbracht, daß wir nicht umhin konnten, über unser Fortgehen Schuld zu empfinden. Die Tatsache, daß wir sowieso irgendwann einmal aus ihrem Leben hätten verschwinden müssen, tröstete uns nicht sehr. Das Mindeste, was wir tun konnten, war, im Königreich zu bleiben, bis Ersatz gefunden war und diesen in der Pflege der Hunde und Katzen zu unterweisen. So legten wir für unsere Abreise kein Datum fest.

Ende März erschienen Keiko, eine ehemalige Kindergärtnerin, und Yuko, eine gelernte Tierarzt-Gehilfin; sie kamen, wie Chiyoko vor sechs Jahren, von einem

Praktikum in einer Meierei West-Hokkaidos. Beide waren fünfundzwanzig Jahre alt, kräftig, tüchtig und unbeschwert; sie zeigten natürliche Eignung und grenzenlose Freude am Umgang mit Tieren. Wir übergaben ihnen Aufgabe um Aufgabe und waren binnen zwei Wochen überflüssig, höchstens unser Rat wurde noch gebraucht. So sahen wir dem Tag unserer Abreise leichteren Herzens entgegen als bei der Ankündigung unserer Entscheidung.

Ich hatte mit der Errichtung des Katzenhauses mehr als ein Ziel verfolgt: Die Katzen, die im Haupthaus wohnten, sollten mehr Raum und Freiheit bekommen; ich wollte ihr Verhalten in Bildern festhalten, die wissenschaftlich bedeutungsvoll und schön sein sollten, und ich wollte ihre gesellschaftlichen Beziehungen untersuchen, um wenn möglich allgemeingültige Schlüsse über das Sozialverhalten von Katzen ziehen zu können, trotz der atypischen Situation im Katzenhaus.
Das erste Ziel wurde schon am ersten Tag erreicht und mit der Erschließung des Gartens sogar noch übertroffen. Man kann höchstens darüber spekulieren, ob die Katzen das Leben im Katzenhaus mehr genossen als das im Wohnhaus. Ich glaube jedoch, daß sich die meisten, die beide Lebensräume gekannt hatten, für das Katzenhaus entschieden hätten – mit Ausnahme vielleicht von Kagetora und seinesgleichen, die dem Katzenhaus wohl kaum ein gutes Wort gegönnt hätten.
Die Fotos haben die Leser, nicht ich, zu beurteilen. Das Echo, das sie bei den Lesern der japanischen Ausgabe fanden, war recht positiv, und ich freute mich sehr über die vielen anerkennenden Briefe, die ich erhielt. Mir schien, sowohl Katzennarren wie Tierliebhaber im allgemeinen begrüßten eine respektvollere Betrachtung der Katze, die mehr in ihr sah als ein hübsches flauschiges Spielzeug oder eine Nippsache, nämlich ein Wesen, das ebenso faszinierend und ernster Fotografie würdig ist wie jedes andere Tier, das unsere Erde bewohnt. Ich versuchte stets, diese Betrachtungsweise anzuwenden; die Fotos geben das natürliche Verhalten der Katzen in einer besonderen Umgebung wieder.
Und welche Schlüsse bezüglich des Verhaltens von Katzen lassen sich aus den Beobachtungen im Katzenhaus ziehen? Ich glaube, das Verhalten der Katzenhaus-Bewohner zeigte einerseits, wie stark sich das Einzelgängertum der wilden Vorfahren in der Hauskatze gehalten hat, und andererseits, wie dick der Lack gesellschaftlichen Verhaltens ist, den die Domestikation über eben dieses Einzelgängertum gelegt hat. Die meisten Katzen taten vorwiegend das, was sie wollten (natürlich innerhalb der Beschränkungen, die die Umgebung ihnen auferlegte); individuelles Handeln überwog Gruppenaktion bei weitem; das Prinzip von «leben und leben lassen» wurde strikt befolgt; kein Tier interessierte sich dafür, Autorität auszuüben oder zu akzeptieren; die Hierarchie der Kater spielte kaum eine Rolle – all dies beweist, daß die Katze noch immer beeinflußt ist von ihrer wilden Vergangenheit als eines der einsamsten und unabhängigsten Tiere dieser Erde.
Das sollte uns nicht überraschen, da die Geschichte ihrer Domestikation kurz ist (die kühnsten wissenschaftlich fundierten Schätzungen nennen nur sechs- oder siebentausend Jahre – ein Pünktchen in der Periode von einigen Millionen Jahren, während der die wilden Verwandten die Erde bewohnt haben). Dazu kommt, daß die Katze auch nach der Domestikation nicht viel anderes tun mußte als vor-

her: kleine Beute wie Mäuse und Ratten jagen, was sich nur von Einzelgängern bewerkstelligen läßt.
Dennoch ist die Hauskatze, verglichen mit ihren wilden Verwandten, ein geselliges Geschöpf. Im Katzenhaus kamen die meisten Katzen bemerkenswert gut miteinander aus. Unter den Weibchen gab es keine Reibungen, was die warme Zusammenarbeit bei der Aufzucht von Kätzchen besonders eindrücklich beweist. Beeindruckend war auch die Toleranz, die die Kater einander erwiesen trotz der häufigen Duelle, die sie weniger sympathisch erscheinen ließen, als sie waren. Die wahrscheinliche Stammform der Hauskatze, die Nubische Falbkatze (Felis lybica), läßt sich bezeichnenderweise von allen Wildkatzen am leichtesten zähmen, verglichen mit der Hauskatze ist sie trotzdem noch von recht störrischem Wesen. Ein Paar von Nubischen Falbkatzen (wie auch Paare der meisten anderen wilden Katzenarten) können in Gefangenschaft ziemlich friedlich zusammenleben, aber Hunderte von ihnen könnten kaum so harmonisch koexistieren wie die Bewohner des Katzenhauses.
Da die Katze das einzige menschliche Haustier ist, das einzelgängerische Wurzeln hat, bleibt sie für uns ein Rätsel, aber sicherlich aus demselben Grund auch ein erfolgreiches Rätsel. Die Katze ist fähig, mit Menschen und Artgenossen (ebenso wie mit anderen Tieren) warme, dauerhafte Bande zu knüpfen, braucht aber nicht um jeden Preis Gesellschaft und behält sich das Recht vor zu bestimmen, wie weit sie sich je nach Stimmung und Umständen mit anderen einlassen will. Jeder Hauskatze, die ihr Heim mit anderen zu teilen willens ist, läßt sich eine entgegenstellen, die dies absolut ablehnt. Und doch gesellen sich viele der letzteren, wenn sie frei herumwandern können, zu bestimmten Nachtstunden und an bestimmten Orten freundschaftlich zu anderen Katzen, nicht nur um sich zu paaren, sondern einfach, weil sie gern Gesellschaft haben. Ähnlich gibt es verwilderte oder halbverwilderte Katzen, die hauptsächlich einsam leben, und andere, die in kleinen Kolonien auf Bauernhöfen, in Fabriken und Lagerschuppen hausen. Ist eine Katze nicht in eine solche Kolonie hineingeboren, dürfte es schwierig sein, Mitglied zu werden – aber nicht unmöglich, wenn man die in «The Curious Cat» beschriebenen Vorkommnisse betrachtet.
Die Bewohner des Katzenhauses hatten wenig Wahl, mit wem sie sich zusammentun wollten, und sie standen unter dem Zwang, sich bis an die Grenzen ihrer Möglichkeiten zu sozialisieren. Aber selbst unter diesen Umständen bewiesen sie dieselbe Beweglichkeit in verschiedenen Aspekten des Verhaltens zueinander. In kalten Winternächten fand man keine Katze außer Kagetora und anderen temporären Parias allein schlafend. Die meisten lagen neben- und übereinander in den beiden Winterbetten, von denen jedes notfalls über fünfzig Katzen aufnehmen konnte. Selbst diejenigen, die nicht so gedrängt schlafen wollten, kuschelten sich zu dritt oder viert in die strohgefüllten Schachteln, die ich bereitgestellt hatte. Sie schliefen zusammen, um warm zu haben. An warmen Sommertagen dösten sie überall im Gebäude, allein oder in kleinen Gruppen, je nach Laune und Geselligkeit des einzelnen Individuums. Mit anderen Worten: Wenn man vom Klima ab-

Für Chiyoko wäre eine elektrisch geheizte Wolldecke ein armseliger Ersatz.

Die Hauskatze hat noch viel des einzelgängerischen Wesens ihrer wilden Vorfahren behalten.

Ee und eine Freundin schlafen selig zusammen.

sah, schienen die Katzen gleichermaßen zufrieden, ob sie nun allein schliefen oder das Bett mit andern teilten.

Anders die Hunde, deren Schlafgewohnheiten viel stereotyper waren. Manchmal schienen sie im Vergleich zu Katzen geradezu jämmerlich voneinander abhängig. Die Katzen waren viel flexibler oder – wenn man will – opportunistischer und erweckten den Eindruck, als seien sie durchaus fähig, «Gesellschaft» anzunehmen oder abzulehnen je nach Lage und Laune. Es ist klar, daß Katzen miteinander auskommen können, und tun dies auch oft mit offensichtlichem Vergnügen und großem gegenseitigem Vorteil; sie kommen aber auch ohne einander aus. Zweifellos ist es diese Flexibilität, die es der Hauskatze ermöglicht hat, sich mit solchem Erfolg allen möglichen Umgebungen – von Menschen geschaffenen oder natürlichen – anzupassen.

Ich beende dieses letzte Kapitel am Weihnachtsabend 1984. Wir haben eben einen Film über das Königreich angeschaut und waren begeistert, all die vertrauten Gesichter zu sehen: Mo, Ee, Uko, Aya, Nibu, Wanchan und viele andere unserer Freunde, alle mit dickem Winterfell, glänzend und gepflegt, ein Bild der Gesundheit. Zu unserem Schmerz fehlte Pe, die im Frühjahr gestorben ist. Zum Glück war dies der einzige Todesfall. Obwohl seit unserer Abreise noch ein paar ausgesetzte Kätzchen aufgenommen wurden, gab es keine Epidemien mehr.

In ihrem letzten Brief schreibt uns Keiko, der Schnee sei viel früher gekommen als in anderen Jahren, deshalb habe sie das Netz abmontieren und den Garten

eilig schließen müssen. Mo sei noch immer Kater Nummer Eins und zeige nicht die geringsten Alterserscheinungen.
Wir wünschen ihm und allen anderen Katzen im Königreich der Tiere für viele Jahre Glück und Gesundheit.